Ethan Ricci

MASTRƏ GEPPETTƏ DICIT

Nozioni per far da sé

2003-2021

INTRODUZIONE

Nel 2003, più per gioco che per altro, decisi di mettere a disposizione dei lettori del mio sito (cinziaricci.it) le mie competenze nel campo del restauro e del recupero dei manufatti in legno. Nozioni base, sia chiaro. Come spesso capita quando si fanno le cose non troppo seriamente, la cosa ebbe un notevole successo tanto che fin oltre il "congelamento" del sito (divenuto "antologico" nel 2015), ho ricevuto domande e richieste rispetto alle più svariate problematiche, ma perlopiù relative alle infestazioni degli insetti xilofagi.

Selezionando il materiale da affidare alle stampe (frutto di oltre quaranta anni di lavoro), ho dovuto decidere se cestinare questa sezione del sito che mi ha impegnato tantissimo richiedendo molta ricerca e studio al fine di offrire risposte semplici, complete e attendibili (non si nasce imparati!), o salvarla affinché continui ad avere un'utilità. La decisione non è stata facile, ma alla fine eccoci qua, io, Mastra Geppetta e l'esercito di tarli che assedia l'Universo mondo ☺

NOTA

Ho compiuto ogni sforzo per assicurarmi che le istruzioni riportate nel presente manuale fossero accurate, i metodi di lavoro relativamente efficaci e le procedure sicure a patto di rispettare le norme di sicurezza qui suggerite e ancor di più quelle riportate nelle schede tecniche che accompagnano i prodotti consigliati, redatte dai produttori degli stessi. Non accetterò responsabilità di alcun tipo per qualsiasi danno, ferita o perdita causate a persone o cose a seguito dell'utilizzo errato o improprio di qualsiasi strumento o prodotto menzionato nel libro o di qualsiasi tecnica o progetto ivi contenuto malamente eseguito.

*   *   *

Mi scuso per i refusi e gli errori che certamente vi sono. Ho letto e riletto decine di volte, ma, come sa chiunque scriva, l'autore è l'ultimo che dovrebbe revisionare il proprio testo.

INDICE

Le immagini che compongono i collage sono state perlopiù reperite in rete. Nella quasi totalità dei casi non mi è stato possibile risalire agli autori per citarli nei crediti. Dato il tempo trascorso dalla realizzazione di questo manuale, gran parte dei siti Internet da cui ho ricavato molte delle informazioni qui riportate, non sono più esistenti, né, d'altronde, saprei oggi ritrovarli per citarli. Me ne dispiaccio e me ne scuso. Qualora entrassi in possesso delle informazioni mancanti (autori e fonti), sarò ben lieto di includerle aggiornando la pubblicazione.

PREMESSA
(2003)

Quante volte ci siamo trovatə in difficoltà cercando di porre rimedio ad un guasto improvviso? Quante volte guardando un vecchio mobilaccio un po' malconcio e proprio bruttarello abbiamo resistito alla tentazione di buttarlo solo perché ci serviva? Quante volte abbiamo acquistato tutto l'occorrente per tinteggiare pareti, rimettere a posto ringhiere, rinnovare qualsiasi cosa e poi, presə dallo sconforto, abbiamo riposto in soffitta colori, pennelli e attrezzi? Quante volte, dopo code interminabili nelle ferramenta per ottenere una risposta che ci levasse d'impiccio l'abbiamo ottenuta ma era sbagliata? Quante volte, dopo lunghi, estenuanti ed irritanti tampinamenti l'artigiano di turno ci ha dato "buca" lasciandoci nei guai? Quante volte abbiamo rinunciato a fare da solə perché pensavamo di non essere capaci e poi davanti al conto ce ne siamo amaramente pentitə?

Tante, troppe volte... e allora ecco Geppettə venirci in aiuto: armatə di tutto punto presentarsi alla porta di casa con l'attrezzo, il prodotto, il consiglio giusto. Sempre sorridente, puntuale, ordinatə e, soprattutto, economicə!

Provare per credere.

COMINCIAMO...

Molte persone di fronte alla prospettiva di dover riparare qualcosa rabbrividiscono e subito si tirano indietro ma, signora, non è il caso di drammatizzare - tutto s'impara e nulla da più soddisfazione che cavarsela da sola! È gratificante, tutto sommato poco impegnativo e poi con il tempo può diventare un passatempo divertente o addirittura un lavoro da cui trarre buoni guadagni.

Dunque, bando agli indugi e tirate fuori i vostri attrezzi che voglio vedere cosa tenete in casa... Orrore! Ma questa vi pare roba utile? Il martello della Barbie, un vecchio cacciavite con la punta spezzata, le pinze del piccolo falegname, un vecchio segaccio arrugginito rimediato chissà dove e poi tutto riposto in gran disordine, qualcosa in un cassetto, qualcos'altro in una scatola di cartone - insomma! Non occorre avere a disposizione un'intera officina, ma almeno gli utensili più comuni, quelli che servono sempre, sì...

Disegno originale dell'autore scansionato e colorato con un programma di grafica

2000, China su carta Canson, cm. 29,7x21,0
Collezione privata dell'autore

GLI ATTREZZI MANUALI ED ELETTRICI DI BASE

Magari vi sembrerà sciocco, ma la prima cosa che è bene acquistare è una scatola dove riporre gli utensili in buon ordine. Non occorre che sia super-accessoriata, basta che sia capiente e robusta. In commercio ve ne sono di tutti i tipi, quelle che preferisco e vi consiglio sono fatte in un materiale plastico molto resistente (evitate il metallo, arrugginisce, non si ripara e quando è danneggiato può ferire chi lo maneggia), hanno un paio di cassettini sul coperchio e all'interno un unico spazio al di sopra del quale vi è una specie di cestello estraibile - qui riporrete gli utensili e sotto gli oggetti più voluminosi, piccole scatole a scompartimenti con un assortimento minimo di chiodi e viti ed altro. Costo: fino a 100 euro ed oltre - per chi ha voglia di spendere.

Riempiamola e ricordatevi che quando si tratta di attrezzi è bene non badare a spese: un utensile di buona qualità lo si acquista una volta sola nella vita.

1) Martello con la bocca della mazza (la parte che serve per battere sui chiodi e sulle superfici) quadrata e la penna divisa (ottima per estrarre chiodi battuti male) o assottigliata e appuntita (per battere su chiodi o superfici molto piccole), in acciaio fucinato e temprato, non molto pesante (250-300 grammi al massimo), con il manico in frassino, meglio se abbastanza lungo (come nel martello da carpentiere) o comunque rapportato al peso della testa. Sono ideali i martelli provvisti di manici in lega metallica leggera, risultano particolarmente maneggevoli e non si allentano. Se il martello che avete ha la penna piena di tacche e la bocca deformata (divenuta tondeggiante), buttatelo - vi darà solo problemi.

2) Tenaglia da chiodi a braccia allungate in acciaio fucinato.

3) Pinza per tubi (detta anche pappagallo o cane).

4) Pinza universale in acciaio fucinato, cromata (arrugginisce con minore facilità) e con i manici rivestiti di materiale isolante.

5) Sega universale a lame intercambiabili. Questo tipo di segaccio è molto versatile in quanto le lame terminano a punta in modo da poter lavorare senza difficoltà anche negli angoli e l'inclinazione tra impugnatura e lama è regolabile. Acquistate lame in acciaio al wolframio temprato a legno e a ferro (con le quali potrete anche segare materiali plastici). Attenzione: le seghe di

qualsiasi tipo devono essere riposte separatamente dagli altri attrezzi per non rovinarne la dentatura a contatto con altre parti metalliche.

6) Seghetto ad arco a lame intercambiabili, piccolo, maneggevole, adatto per lavori più delicati e sempre utile. Anche in questo caso acquistate lame in acciaio al wolframio temprato a legno e a ferro (con le quali potrete anche segare materiali plastici).

7) Trapano a mano provvisto di un piccolo assortimento di punte elicoidali a centro per legno dolce (dette anche mecchie) e metallo (con quest'ultime si può forare tranquillamente anche il legno ma hanno lo svantaggio di non possedere alla loro estremità la punta conica che serve per guidarne l'avanzamento). Purtroppo questo attrezzo, ideale per piccoli lavori che richiedano un maggior controllo della velocità e del tipo di perforazione, non è più così comune - tuttavia vi consiglio di cercarlo e acquistarlo, scoprirete quanto può essere utile, pratico e versatile.

8) Punteruolo da falegname con asta tondeggiante o quadrangolare, utilissimo per tracciare su legno i punti dove inserite viti e chiodi, segnare tracce su parti metalliche e praticare fori di "invito".

9) Raspa a sezione mezzotonda, indispensabile per lavorare il legno nei punti che non possono essere raggiunti dalla pialla. Serve anche per arrotondare gli angoli, "aggiustare" tagli imperfetti, asportare velocemente grandi quantità di legno. Consiglio l'acquisto di una raspa assai lunga a dentatura grossa - è più efficace di quelle corte e i danni causati dal suo utilizzo (grandi tagli nella fibra e possibili scheggiature quando si lavora il multistrato) possono comunque essere riparati rifinendo accuratamente il lavoro con la carta a vetro ed eventualmente stuccati. <u>Attenzione</u>: anche le raspe devono essere riposte separatamente dagli altri attrezzi per non rovinarne la dentatura a contatto con altre parti metalliche.

10) Lima piatta per metallo di media lunghezza, con "primo" e "secondo" taglio (taglio inferiore e superiore) a croce, mezzo fino. Serve per rifinire i metalli che abbiamo segato, smussare gli angoli taglienti o frastagliati di essi che possono ferire. Contrariamente alla raspa che non deve mai essere usata per lavorare il metallo, la lima non si danneggia se usata sul legno. Ne esistono anche a sezione triangolare, mezzotonda, tonda. <u>Attenzione</u>: dopo l'utilizzo, lime e raspe devono sempre essere ripulite dai frammenti di metallo e ferro con una spazzola a fili di ottone, altrimenti arrugginiscono con facilità.

11) Pialla metallica di piccole dimensioni a lama sottile: ottima per piallare superfici ridotte, smussare bordi e coste di assi in poco tempo. La Stayer ne produce molti modelli, in modo particolare quella che vi sto consigliando, una favolosa sponderuola a guida metallica ed una pialla anch'essa a guida metallica, con lama grande la cui inclinazione è regolabile e pomello per consentire l'impugnatura con entrambe le mani - ma questi sono attrezzi ai quali potete tranquillamente rinunciare, per adesso.

12) Scalpello da legno con lama di acciaio temprato, larga 15-18 millimetri. Con il suo aiuto si ricavano fori, incastri, scanalature. Se vi venisse la tentazione di acquistare uno scalpello economico lasciate perdere - questi utensili per funzionare adeguatamente hanno bisogno di una lama di altissima qualità e l'acciaio costa quando è buono. <u>Attenzione</u>: mi raccomando, scalpelli e comunque qualsiasi attrezzo tagliente, va riposto insieme agli altri utensili solo se provvisto di un cappuccio di plastica che ne protegga il taglio.

13) Strettoi: almeno due e lunghi minimo 20 centimetri.

14) Cacciavite. Non è uno scalpello, una leva o chissà cos'altro - serve esclusivamente per avvitare o svitare viti sulla cui testa è praticato un intaglio diritto o a croce! Un tempo ne occorrevano di vari tipi e grandezze, oggi ci sono i pratici cacciaviti ad inserti con bussole intercambiabili in acciaio al cromo e al vanadio. Un unico oggetto al quale possiamo sostituire la punta in base alle più svariate necessità. Consiglio l'acquisto di un set minimo di 6 punte (piccole, medie e grandi, tre a taglio diritto e tre a croce) più prolunga - saranno sufficienti, per il momento.

15) Cacciavite cercafase, indispensabile per verificare la presenza di corrente elettrica nei circuiti di casa prima di metterci le mani.

16) Forbici da elettricista.

17) Trincetto con lama di acciaio larga, estraibile. Acquistatene uno robusto, con bloccaggio di sicurezza della lama.

18) Spatole. Servono per raschiare, rimuovere sostanze svernicianti, applicare e lisciare riempitivi (stucco, gesso, colla, ecc.). Ne bastano due: una di 4-5 centimetri ed una di almeno 10 che ci servirà per effettuare rasature e soprattutto utilizzeremo per lavorare (impastare, miscelare, ecc.) lo stucco

prima di stenderlo. <u>Attenzione</u>: per evitare la formazione di ruggine e poterle usare sempre senza problemi, dopo ogni stuccatura pulitele accuratamente e magari ungetele con un po' di olio di vaselina.

19) Calibro per misurare spessori, larghezze interne e profondità.

20) Metro flessibile con sistema di bloccaggio del nastro, almeno 3 metri.

21) Livella a bolla d'aria lunga almeno cm. 50 per montare mensole e piani in posizione perfettamente orizzontale.

22) Scatola a scompartimenti con assortimento di viti a testa piatta e a croce di medio diametro. Scatola a scompartimenti con assortimento di chiodi a testa piatta e a testa ricalcata, di ferro e acciaio. Non comprate le scatole già complete di assortimento, costano poco ma la qualità del ferro utilizzato per le viti e i chiodi è alquanto scadente. Ve ne pentireste.

23) Un tubo di colla vinilica molto forte e a rapido essiccamento per legno ed altri materiali.

24) Un rotolo di nastro isolante, per isolare cavi elettrici.

25) Spray lubrificante e sbloccante per viti, ingranaggi, ecc.

26) Un rotolo di teflon (per rinforzare guarnizioni idrauliche e sigillare le filettature dei tubi.

Ci siamo, la vostra scatola degli attrezzi è completa.

Ora manca un trapano a percussione possibilmente provvisto di variatore di velocità, una scatola a scompartimenti con un buon assortimento di tasselli e viti (non dimenticate i ganci a uncino, i rampini diritti - comunemente detti viti a "L" - e gli occhielli, averne fa sempre comodo!), ed un assortimento di punte da muro corrispondenti al diametro dei tasselli - quindi, se proprio volete avere tutto quello che può servirvi, procuratevi un seghetto alternativo e una levigatrice orbitale ed ecco tantə inquietanti Mastrə Geppettə prontə ad intraprendere una promettente e pionieristica avventura nel "fai da te" casalingo, un'attività nella quale si troveranno spesso da solə visto che amic3 e compagn3 avranno sempre qualcos'altro da fare di cui si erano misteriosamente dimenticatə sino a quel momento!

Disegno originale dell'autore

1998, China e matite colorate su carta Canson, cm. 15,5x14,0
Collezione privata dell'autore

CONOSCERE IL LEGNO

Il legno: questo sconosciuto. Sono convinto che se le persone lo conoscessero un po' meglio, riuscissero ad andare oltre l'oggetto che questo materiale ha consentito di realizzare, imparassero a maneggiarlo e ne avessero cura come fanno con gli altri arnesi che dominano le loro vite, smetterebbero di sprecarlo, non se ne disferebbero più con facilità quasi non avesse importanza e ve ne fosse in quantità inesauribili. Certo, non mi riferisco ai truciolati - quella è robaccia! Se parlo di legno intendo il massello, anche il più povero e sottovalutato: l'abete, ad esempio, economico e versatile, onnipresente. Le nostre case ne sono piene e nemmeno lo sappiamo: gli invisibili telai che sostengono gli infissi sono fatti con il legno di abete, forse anche la cassa armonica della nostra chitarra è di abete, forse persino le persiane, le finestre e le porte (o almeno di questo sono fatte sotto l'impiallacciatura "nobile") e che dire della struttura dei vecchi mobili di famiglia, le mensole al loro interno, le travi del soffitto, i tavolacci di certi pavimenti di campagna - insomma, ovunque lo sguardo si posi vi è legno e spesso proprio di abete si tratta.

Il legno respira, si muove, vive! Soffre l'incuria e l'abbandono ma se lo si nutre e coccola riprende a palpitare, acquista calore, forza e se lo accarezzate vi sembrerà che questo esprima, trasmetta. Un legno amato procura piacere e il tempo lo migliora, come avviene per il vino. Si può riparare, riciclare, convertire - serve sempre e sempre si adatta alle nostre esigenze. L'esperienza mi ha insegnato che il legno non si butta via - lo si ripone in cantina e state pur certa che prima o poi da quel vecchio tavolaccio ricaverete il pezzo di legno che vi occorre. Vent'anni fa trovai sul ciglio di una strada una grande cassa con la quale avevano imballato chissà cosa - scioccamente pensai di aver trovato solo un po' di materiale con il quale avrei potuto realizzare dei ripiani per la mia libreria senza spendere un centesimo: la presi, smontai, la levigai in fretta e furia giusto per non riempirmi le mani di schegge, scurì le assi con il mordente, vi diedi una mano di turapori e le fissai alle squadrette lungo la parete. Questo legno, alto appena due centimetri e lungo non meno di 170, ha sostenuto per vent'anni intere enciclopedie e quando nel '99 ho cambiato casa, trattato con maggior cura, si è trasformato in mensole di una bellezza davvero inaspettata!

Nel prossimo capitolo a titolo di esempio parleremo dell'abete, delle sue caratteristiche principali, dell'uso che ne viene fatto e di come conviene trattarlo perché senza queste semplici conoscenze qualsiasi tentativo di manipolarlo risulterebbe vano.

L'ABETE

NOTE INTRODUTTIVE

• L'abete è una conifera.

• Sono descritte più di 40 specie di questa pianta di cui la più diffusa è l'abete bianco che ha la corteccia sottile e biancastra negli esemplari giovani. Il legno è giallo, bruno o rossastro chiaro.

• È un legno largamente coltivato e utilizzato, economico.

- Dalle foglie e dal legno si estrae un'oleoresina dalla quale si ottiene per distillazione la trementina, un olio volatile usato come balsamo o solvente dall'industria farmaceutica e chimica.
- Dalla resina ricavata dalle vesciche della corteccia si ottiene la trementina di Strasburgo usata in modo specifico per colori e vernici.
- In Italia si trova sulle Alpi e sull'Appennino.
- Il legno di abete è usato anche per preparare pasta cartacea.
- In America è largamente diffuso l'Abete del Canada, alto anche 20 metri, dalle foglie verde scuro in netto contrasto con la corteccia grigia. Il legno dell'Abete del Canada è usato soprattutto nell'industria cartaria. La resina, nota come "balsamo del Canada", è usata come colla per fissare i vetrini nei preparati per microscopia.

CARATTERISTICHE GENERALI

- Il legno di abete è bianco leggermente giallastro o rossastro e scurisce per effetto della luce.
- Le venature sono molto marcate, piacevolmente decorative.
- È un legno particolarmente tenero, leggero ed elastico.
- Si tarma e deteriora facilmente.
- È ricco di nodi, ha struttura eterogenea, con anelli molto distinti e di colore più intenso.
- Internamente manca di canali resiniferi che abbondano invece nella zona della corteccia.
- Per poterlo trattare agevolmente, le sacche di resina devono essere eliminate preventivamente.
- La superficie si lacca o vernicia facilmente, ma la lucidatura non è quasi mai soddisfacente.
- È facile a fendersi soprattutto in prossimità degli anelli annuali.
- Si altera all'umidità e teme le intemperie.
- È generalmente usato per mobili e strutture interne, come legname da costruzioni e imballaggi e per la produzione di compensati.
- È raramente utilizzato per impiallacciature perché troppo dolce.
- Non resiste alle alternanze di umido e secco.

ATTENZIONE!

L'Abete di Douglas e l'Abete Rosso non appartengono a questo genere di piante come invece si è erroneamente portati a credere per il nome comune che gli è attribuito - il primo è una qualità TSUGA e il secondo è una qualità di PECCIA.

UTILIZZO

Per la sua stabilità è molto usato per costruzioni leggere, strutture di mobili e per strumenti a corda (casse armoniche), si usa anche per imballaggi (particolarmente indicato a questo scopo è l'abete di Vancouver), impalcature, travi, pavimenti solo in interni e pure intelaiature in ambienti asciutti. Travi più o meno lunghe e sottili, ricavate dal fusto di abete e comunemente chiamate abetelle, sono usate per ponteggi e puntellamenti.

VARIETÀ

Abete rosso

- Legno bianco appena tagliato, stagionato diventa giallo pallido.
- Ha un peso specifico basso, si lavora facilmente, è solido, forte, elastico.
- Si può rifinire agevolmente.
- Resistente all'umidità.
- Ottima resistenza meccanica.
- Duttile e curvabile con il vapore, ha fibre parallele e allungate che mantengono a lungo le vibrazioni.
- Ha venature molto visibili e decorative.
- Largamente coltivato come legno e come albero di Natale.
- Il suo fusto molto diritto ne raccomanda l'uso per pali, antenne, alberi di barche e navi, costruzioni in genere.
- Può essere lavorato al tornio e utilizzato per mobili, cornici e strumenti musicali (casse armoniche per strumenti a corda).
- È usato anche per imballaggi e come pasta per carta.
- Le fibre legnose vengono tessute per farne stuoie e reti.
- Dal tronco e dai rami si estrae la trementina.

Abete di Sitka

- Legno forte, leggero.
- Usato per telai in interni, casse.

Abete Americano o di Douglas

• Legno solido e duraturo, versatile dal cuore bruno-rossiccio e alburno bruno-chiaro.
• Tessitura media, fibre diritte e abbastanza regolari, anelli di crescita evidenti.
• Resistenza all'urto piuttosto bassa.
• Segagione difficoltosa se eseguita a mano. Piallatura non molto agevole.
• Stagionatura buona e, se ben eseguita, stabile.
• Molto pregiato perché non ha nodi.
• L'unione con chiodi e viti non presenta difficoltà, l'unione a colla non è particolarmente duratura.
• Le finiture non danno risultati esteticamente soddisfacenti.
• Usato per costruzioni, pavimenti, falegnameria, infissi.

Abete di Vancouver

• Legno bianco o giallo chiaro molto chiaro.
• Ideale per imballaggi e pasta per carta.

Abete bianco

• Legno tenero, bianco con vene rossicce, molto marcate.
Fra gli abeti è il meno pregiato, il più economico.
• Ha una fibra grossolana, si tarma e deteriora facilmente.
• Ha peso specifico elevato, è poco resinoso ma spesso ricco di nodi, caratteristica che danneggia gli utensili rendendolo di difficile lavorazione.
• Eccellente per imballaggi, ossature di tetti e capriate, impalcature, travi, pavimenti e intelaiature in interni, in ambienti asciutti.
• Allo scoperto ha durata limitata, si screpola e fende facilmente, meglio resiste se completamente immerso nell'acqua per questo è indicato per pali.
• Adatto per farne modelli da fonderia e sculture di poco valore. Se ne ricava anche pasta di legno.
• Dalla resina si estrae la trementina.

Abete del Canada

• Usato soprattutto nell'industria cartaria.
• La resina è usata come colla per fissare i vetrini nei preparati per microscopia.

COME SI RIMUOVONO LE SACCHE E I CANALI RESINOSI

Le sacche o i canali resinosi si formano soprattutto nei larici, nei pini e negli abeti - nelle conifere, insomma. Sono un rimedio naturale che l'albero produce per curare se stesso dai danni subiti. La resina rovina ogni tipo di vernice, lo stucco non può ancorarsi e incollarsi al legno per questo è del tutto inutile utilizzarlo per tappare il buco o la fessura da cui fuoriesce - se le sacche o i canali non vengono rimossi del tutto continueranno a stillare. Vanno eliminati con il fuoco o raschiati a fondo, nei casi peggiori per poterli asportare completamente, occorre scavare il legno con il trapano, quindi si dovrà riempire la cavità che si è formata con un rondello di legno opportunamente incollato (anche detto tappo o zaffo, lo stesso che viene utilizzato per riempire i buchi lasciati dai nodi che si sono staccati).

COME SI ELIMINANO LE TRACCE DI RESINA

La resina che ha impregnato la superficie del legno deve assolutamente essere rimossa perché non consente un adeguato ancoraggio degli smalti, né una perfetta coloritura a mordente qualora si opti per una finitura a tampone o con vernici trasparenti. Si dovrà raschiare la parte, quindi occorrerà sciogliere la resina con solventi alla nitro, in ultimo è consigliabile preparare una soluzione saponosa, lasciarla agire lungamente, passare una spazzola di saggina in direzione delle fibre finché si forma un'abbondante e soffice schiuma, trascorsi 5 minuti circa togliere la schiuma con acqua tiepida e lasciare asciugare.

INSETTI DISTRUTTORI DEL LEGNO DI ABETE

CAPRICORNO DELLE CASE o TARLO DELLE TRAVI (Hylotrupes Bajulus) - coleottero.

Pericolosissimo e molto dannoso per i legni impiegati in armatura di tetti, solai, etc. In caso di forte infestazione possono essere colpiti anche gli infissi e i mobili.

SIRICE GIGANTE (Sirex Gigas) - imenottero.

I depositi di legname posti nei piazzali delle segherie, spesso situate in vicinanza di boschi, possono essere attaccati gravemente dal SIRICE.

FORMICHE DEL LEGNO (Camponotus Ligniperda ed altri) - imenotteri.

I danni sono causati sulle piante in piedi e spesso anche nelle costruzioni in legno situate in foreste o boschi.

TARLO DEI MOBILI (Anobium Punctatum) - coleottero.

Perché il legno possa subire l'attacco occorre che sia ben stagionato, cioè non abbia più del 20-25% d'umidità, e che presenti alla sua superficie delle fessure anche minime ove possano essere deposte le uova: basta talora che la superficie sia coperta da uno strato di vernice per evitare l'entrata delle larve nel legno.

BOSTRICO LINEATO (Xiloterus Lineatus) - coleottero.

Questo insetto causa la cosiddetta "moschettatura" nelle piante sia in piedi che abbattute (con o senza corteccia) e normalmente attacca il solo alburno (la parte più esterna, e quindi più giovane, del legno degli alberi e degli arbusti).

GNAM-GNAM-GNAM

GLI INSETTI XILOFAGI

Trionfo di colori. I profumi si spandono nell'aria. La vita si accende. Cinguettano gli uccelli. È tutto un canto, un… gnam-gnam-gnam sinistro provenire dall'armadio, dal cassettone, persino dalle travi, nel parquet!

Ebbene, sì – la natura si risveglia e insieme agli adorati pollini (si fa per dire) ci regala eserciti d'insetti e parassiti – fra questi naturalmente vi sono i tarli.

Xilofagi, perlopiù coleotteri, ma anche imenotteri, lepidotteri, isotteri, apidi e formicidi, prolifici, infaticabili masticatori.

Spesso, non sono gli adulti a causare i danni maggiori, ma le larve che si nutrono di lignina, cellulosa, proteine, zuccheri e quant'altro di appetibile contenga il legno e, talvolta, anche la carta. Il ciclo vitale di ogni singolo tarlo non dura poche ore o pochi giorni, questa è un'altra diceria senza alcun fondamento. Dura… anni! Ecco perché talvolta i trattamenti antitarlo sembrano fallire: se il veleno non raggiunge i nidi uccidendo uova e larve, queste avranno tutto il tempo di diventare adulte procreando nuove generazioni distruttrici. Dalla primavera sin oltre l'estate, con l'aggravante che le condizioni climatiche degli appartamenti moderni, riscaldati artificialmente spesso oltre i 18°, creano le condizioni ideali per la nascita di due o tre generazioni in un anno. Praticamente il ciclo non si interrompe mai. Un flagello.

Nessun legno è al sicuro.

Una buona prevenzione è l'unica cosa che può impedirgli di polverizzarci la casa, ma di rado i costruttori di mobili, infissi e rivestimenti trattano il legno in modo adeguato e normalmente le persone comuni considerano il mobilio di casa e il legno con il quale è costruita e protetta, come se fosse eterno e indistruttibile, sottovalutano il problema, insomma, poi corrono disperate ad acquistare i più improbabili prodotti senza ottenere, com'è ovvio, effetti risolutivi e durevoli.

Le nostre care massaie e le loro improvvisate maestranze (fra le quali includo non solo i parenti e gli amici, ma anche sedicenti professionisti e persino affermati restauratori!), credono che spennellando le superfici con il petrolio (inorridisco) o il Timpest (un insetticida che si acquista persino al supermercato) il problema si risolva magicamente – ma questi sono solo dei palliativi, robetta fondamentalmente inutile! E poi spennellare non basta, ci vuol pazienza e tempo, talvolta anche esperienza e abilità per sconfiggere un'infestazione grave e diffusa, il che, mi raccomando, sottintende l'intervento di persone qualificate.

Bene, cerchiamo di capirci qualcosa, non solo sui tarli, ma anche sul restauro...

LE SPECIE

Questa lista non è completa e non lo sono nemmeno le descrizioni che seguono, frutto di ricerche, incrocio di dati, traduzioni improvvisate e scopiazzature. Una trattazione esaustiva richiederebbe competenze, tempi e spazi straordinari. Voglia il lettore accontentarsi di alcune semplici, sommarie indicazioni.

ANOBIDI
(attaccano principalmente il legno ma anche la carta)

Gli Anobidi sono gli insetti che più comunemente si riscontrano nelle travi, nelle strutture, nei mobili, nelle opere d'arte lignee custodite in abitazioni, biblioteche, musei e chiese. Le specie più note sono: l'**Anobium punctatum**, il **Nicobium hirtum**, l'**Oligomerus ptilinoides**, il **Xestobium rufovillosum** e il **Ptilinus pectinicornis**. Gli Anobidi hanno abitudini simili. Sono insetti piccoli (da 2 a 9 millimetri), brunastri, di forma cilindrica, coperti da una fine pubescenza. Il pronoto è convesso e copre la testa, le elitre sono ornate da punteggiature più o meno profonde e allineate a seconda della specie.

Questi insetti attaccano sia il legno di latifoglia, sia quello di conifera, e l'infestazione avviene di preferenza su legno in opera antico o molto vecchio. La femmina depone sulla superficie del legno in eventuali fessure o vecchi fori di farfallamento, le uova (da 40 a 60) che si schiudono dopo alcune settimane. La larva è biancastra, coperta di peli giallastri e di spinule rossastre, cirtosomatica, esapoda e provvista di apparato boccale molto resistente.

Le larve neonate penetrano subito nell'interno del legno scavando un fitto intreccio di gallerie, giunte a maturità si costruiscono vicino alla superficie una cella pupale, dove si trasformano in insetti perfetti. Gli adulti fuoriescono attraverso un foro rotondeggiante che può avere dimensioni variabili da 1,5 a 3 millimetri. Gli insetti sfarfallano da maggio a settembre. Il ciclo biologico varia da 2 a 6 anni a seconda della specie, dalle condizioni climatiche e dal tipo di legno.

ANOBIUM CARPETANUS

È molto simile all'Anobium Pertinax. Frequente soprattutto nella Penisola Iberica e nel Nord Africa, si distingue per gli angoli posteriori acuti e porgenti e l'assenza dei peli nella parte posteriore del protorace.

ANOBIUM PERTINAX (sin. haddrobregmus, coelostethus)

L'adulto è di colore bruno scuro, supera la lunghezza di 5 millimetri ed ha una biologia simile a quella dell'Anobium punctatum. Le ali anteriori, elitre, sono ornate di punti rettangolari, abbastanza grossi. È comune nell'Europa settentrionale e centrale e attacca il pino, l'abete e altri legni teneri.

ANOBIUM PUNCTATUM - cosiddetto "Tarlo del legno" o "Tarlo dei mobili"

Ama l'umidità, il calore, il buio e il silenzio. L'infestazione avviene preferibilmente sul legname in opera, sia esso alburno o durame. Le larve, il cui ciclo vitale va da uno a tre, quattro anni, scavano, all'interno del legno fino a distruggerne completamente la struttura lasciando pressoché inalterata la superficie esterna.

Ha le elitre marrone scuro e la forma del corpo è cilindrica. Raggiunge una lunghezza variabile tra i 3 e i 5 millimetri. La conformazione dell'ovopositore delle femmine permette la deposizione delle uova soltanto nelle fenditure del legname in cui vengono deposte da 20 a 60 uova per volta. Dopo quattro o cinque settimane dalla deposizione, le uova si schiudono e le larve penetrano all'interno del legno scavando gallerie il cui diametro varia da 1 a 2 millimetri. In esse l'insetto permane fino a completare la metamorfosi. Quando la larva raggiunge l'età adulta (di norma in primavera e autunno), abbandona il legno (sfarfalla) attraverso i caratteristici fori che hanno lo stesso diametro delle gallerie. Intorno ai fori il rosume è minimo, anche all'interno delle gallerie è scarso, generalmente vi si trovano mucchietti di polvere in forma granulare. Le larve sono bianche, molli, l'aspetto è scarabeiforme. Si nutrono di lignina, emicellulosa e cellulosa, elementi organici assai complessi, digeribili solo grazie a particolari enzimi che in questo insetto sono particolarmente efficaci.

L'Anobium punctatum privilegia il legno stagionato e duro, ma non disdegna neppure le essenze tenere (meglio digeribili) aventi un tasso di umidità inferiore al 25% e collocate in ambienti riparati (abitazioni, magazzini, ecc.) che le preservano da condizioni atmosferiche svantaggiose. Le conifere (abete, pino) e le latifoglie (mogano, ebano, faggio, quercia, pioppo, acero, tiglio, pero e melo) sono facilmente colpite dall'Anobium punctatum. Esso prospera nei legnami e nei manufatti molto vecchi, talvolta in condominio con il Nicobium hirtum.

È difficile stabilire una cronologia precisa delle fasi di sviluppo dell'Anobium punctatum. Il riscaldamento artificiale delle case, infatti, ne favorisce lo sviluppo e il proliferare, rendendo possibili episodi di sfarfallamento ritardati o anticipati rispetto al suo ciclo in ambiente naturale.

Come si è visto, i fori sulla superficie del legno indicano che lo sviluppo dell'insetto si è completato. Le gallerie sottostanti sono vuote e rappresentano una minaccia per l'integrità, la stabilità e la robustezza della pianta viva e del legname in opera (travature, mobilio, telai, infissi, sculture lignee, ecc).

I fori lasciati dall'Anobium punctatum sulla superficie del legno sono di uscita, non di entrata - quando compaiono, l'opera di distruzione è già compiuta. Per difendersi da un'infestazione, di norma si utilizzano insetticidi a base di Permethrin. Per poter sfarfallare più agevolmente, le larve cominciano ad avvicinarsi alla superficie del legno alcune settimane prima di raggiungere lo stadio pupale ed è in questo momento che gli insetticidi liquidi possono agire pienamente contro di essi, tuttavia, le larve rimangono protette negli strati più profondi del legno.

Solo l'utilizzo dei nuovi sistemi a microonde, l'uso di insetticidi gassosi o la mancanza di ossigeno prodotta in camere stagne, permette di uccidere gli insetti ad ogni stadio di crescita, ma la prevenzione è il miglior metodo di difesa: il legname ben conservato, levigato e stuccato, protetto uniformemente, in profondità, con impregnanti, vernici, resine, smalti e cere, non permette alle femmine di trovare le crepe e le fessure in cui depositare le uova da cui dipende ogni infestazione.

LASIODERMA SERRICORNE - cosiddetto "Anobio del tabacco"

Il Lasioderma serricorne è un coleottero origine tropicale. Essendo ormai cosmopolita, è oggi uno tra i più frequenti e dannosi insetti infestanti delle derrate alimentari, dei magazzini e dei supermercati. Ai tropici, dove trova le condizioni ottimali di sviluppo, può completare 5-6 generazioni all'anno, mentre nei climi Europei, più temperati, le generazioni si riducono a tre.

Il corpo è di colore giallo-bruno tendente al rosso con dimensioni comprese tra i 2,5 ed i 3 millimetri. Le elitre sono lisce, ricoperte da una leggera peluria. Le antenne

sono costituite da 14 articoli uniformi dentellati. La larva si presenta come un piccolo verme bianco con corpo curvo coperto di setole. Ha tre paia di piccole zampe toraciche e sfumature, che vanno dal bianco al giallastro, con la testa marrone chiaro e mandibole nere.

L'accoppiamento avviene appena due giorni dopo l'entrata nell'età adulta (in maggio-giugno e luglio-settembre) e già 48 ore dopo, la femmina depone le uova (da 45 a 120-200) e l'ovodeposizione cessa se la temperatura scende sotto i 15 gradi. La riproduzione ha luogo nei mesi più caldi dell'anno. La femmina depone le uova direttamente negli alimenti idonei al nutrimento delle larve. Le larve sono molto simili a quelle dei tarli del legno e, come loro, scavano gallerie di sezione perfettamente circolare. L'impupamento ha luogo all'interno al materiale che serve da nutrimento, dentro un fragile bozzolo costituito essenzialmente da rosura ed escrementi che sono cementati attraverso la saliva.

Il Lasioderma serricone è un insetto particolarmente infestante che mangia praticamente di tutto: tabacco e frutta secca, tessuti, farine, spezie, semi di varie piante, camomilla, pesce secco, fibre vegetali, peli animali. A volte, si hanno attacchi su imbottiture in crine di sedie, poltrone o divani; nelle abitazioni si trasmettono ad ogni tipo di derrata asciutta di origine vegetale presente, così come è possibile che una loro infestazione, originatasi ad esempio in bustine di camomilla, si trasmetta alle medesime imbottiture con danni particolarmente rilevanti. Necessita di temperature elevate e umidità: la condizione ottimale di sviluppo si verifica a 30 gradi e umidità al 70%. Le infestazioni sono comuni nei locali riscaldati e nei magazzini climatizzati per lo stoccaggio degli alimenti. Temperature eccessivamente basse o troppo elevate possono portare alla morte degli individui nell'arco di poche ore. Le larve del Lasioderma serricone, sono in grado di perforare con facilità, grazie al robusto apparato boccale masticatore di cui sono dotate, quasi tutti i tipi di confezioni e imballi lasciando fori perfettamente circolari. Gli adulti sono buoni volatori, si spostano con facilità.

NICOBIUM CASTANEUM - cosiddetto "Tarlo delle biblioteche"

L'insetto adulto è di colore bruno scuro, misura da 4 a 6 millimetri Preferisce le essenze tenere (i cosiddetti legni bianchi), i legni umidi e attaccati da funghi, l'abete. I danni possono essere gravi specialmente nei tavolati utilizzati per la costruzione di tetti e soffitti. È comune nelle biblioteche dove attacca la carta, i dorsi dei libri e spesso le scaffalature lignee.

NICOBIUM HIRTUM

Il Nicobium hirtum è forse l'insetto più dannoso e diffuso negli oggetti antichi in legno, ma non è facile osservarlo perché ha costumi notturni e durante il giorno

rimane immobile. Ha le elitre ornate di bande trasversali di peli grigiastri più o meno apparenti. Attacca di preferenza il legno di latifoglia (faggio, noce, ontano, pioppo) ma lo si può trovare anche su legno di conifera (pino e abete). È un insetto dannoso anche nelle librerie e negli archivi in quanto le larve distruggono la carta.

È una specie molto comune che attacca i manufatti vecchi o antichi in legno. Attacca soprattutto le latifoglie, il noce, il faggio, il rovere, il pioppo e le altre essenze utilizzate per la realizzazione di oggetti d'arte e arredi antichi. L'adulto è di colore bruno, misura da 5 a 6 millimetri, sopporta temperature abbastanza alte per cui può infestare anche le travi dei sottotetti. Generalmente compie il suo sviluppo in un anno. Anche se meno diffuso di altre specie di anobidi può essere annoverato tra gli insetti più temibili per il legno lavorato. Le sue infestazioni sono spesso difficili da individuare nei legni coperti da stucchi e spessi strati di vernici.

PRIOBIUM CARPINI

Attacca legni che abbiano subito un precedente attacco fungino di carie bruna o carie bianca, esposti all'aperto o in posti molto umidi. I danni sono sempre molto rilevanti.

PTILINUS PECTINICORNIS

L'adulto è di forma cilindrica, arrotondata all'estremità, raggiunge in media la lunghezza di 4 millimetri. È di colore bruno scuro con elitre più chiare, ha caratteristiche antenne simili a pettini con denti larghi (antenne pettinate) nei maschi, e simili a denti di sega (serrate) nelle femmine. Le ali anteriori e il dorso del protorace sono cosparsi di finissima peluria giallastra appena visibile. È presente prevalentemente in Europa, attacca i legni di faggio, acero, pioppo e ontano. L'adulto sfarfalla all'inizio di giugno. I danni causati da questi insetti possono essere molto gravi poiché le larve scavano all'interno del legno gallerie tortuose piene di rosume, intersecate tra loro in un fitto intreccio, fino a togliere ogni resistenza meccanica al legno. Molto spesso accade che ci si accorga della presenza dell'insetto soltanto quando l'attacco è già avanzato. Dato che le larve scavano le gallerie all'interno del legno lasciando intatto un leggero strato superficiale, nulla appare all'esterno fino al momento in cui le larve si trasformano in insetto perfetto. I primi sintomi dell'attacco si hanno quindi soltanto dopo il primo sfarfallamento degli adulti, per la presenza dei fori che hanno prodotto sulla superficie del legno fuoriuscendovi. Giacché più esemplari adulti possono fuoriuscire dallo stesso foro, non è mai possibile stimare la gravità, nemmeno approssimativa, dell'infestazione.

STEGOBIUM PANICEUM - cosiddetto "Anobio del pane" o "Tarlo dei biscotti"

L'adulto ha un corpo subgloboso, arcuato, presenta tre paia di piccole zampe toraciche, il pronto molto sviluppato, ricopre il capo che è rivolto verso il basso. Le antenne terminano tre articoli basali moniliformi. Nel complesso è simile alla specie Lasioderma serricorne (anobio del tabacco). Le differenze più evidenti riguardano le antenne che sono interamente seghettate nel Lasioderma, con gli ultimi 3 segmenti ben evidenti nello Stegobium. Ha mandibole fortemente sclerificate.

Gli insetti adulti assomigliano agli altri coleotteri anobidi, dai quali si differenziano per le dimensioni leggermente superiori, fino a 4-6 millimetri, hanno inoltre le elitre attraversate longitudinalmente da numerosi piccoli solchi simili a quelli del tarlo comune del legno. Il colore dello Stegobium paniceum adulto varia sui toni del bruno-rossastro ed è ricoperto da una corta e fitta peluria.

La femmina depone da 20 a 100 uova, direttamente sul cibo che dovranno consumare in seguito le larve, o comunque nelle sue immediate vicinanze, in piccoli gruppi di 4-5 uova alla volta. L'insetto si sviluppa secondo un ciclo olometabolico che prevede quattro trasformazioni (uovo, larva, pupa, adulto) così radicali che le forme giovanili appaiono totalmente diverse dagli adulti. Le larve hanno dimensioni ridottissime, da 0,15 a 0,5 millimetri, praticamente invisibili se non si sa cosa cercare. Sono molto resistenti, riescono a sopravvivere senza nutrimento con una bassissima umidità ambientale per diversi giorni, di solito fino ad una settimana. Le larve crescono all'interno dell'alimento, per poi impuparvisi per un periodo che varia dai 12 ai 18 giorni, dentro una cella pupale costruita dalla larva stessa utilizzando particelle di cibo cementate con la saliva. Le condizioni ottimali per lo sviluppo dell'infestazione si verificano con temperature tra 25 e 30 gradi. In queste condizioni il l'intero ciclo vitale si svolge in genere nell'arco 50-70 giorni, se le condizioni sono avverse si può arrivare a 5 mesi. In un anno si possono sviluppare da 1 a 4 e generazioni d'insetti.

Lo Stegobium paniceum si nutre di sostanze vegetali ricche di amido, è considerato uno dei più comuni infestanti dei prodotti farinacei secchi e compatti come pane, cracker, paste alimentari e biscotti, ma è anche un importante infestante della carta, delle pelli, del legno, delle spezie e della camomilla. Molto spesso è un infestante delle dispense domestiche che raggiunge nella sua fase di adulto, volando. A volte, si hanno attacchi su imbottiture in crine di sedie, poltrone o divani; nelle abitazioni si trasmettono ad ogni tipo di derrata asciutta di origine vegetale presente, così come è possibile che una loro infestazione, originatasi ad esempio in bustine di camomilla, si trasmetta alle medesime imbottiture con danni particolarmente rilevanti.

Per quanto riguarda l'infestazione del legno, la femmina si insinua tra le fessure preesistenti per inserire, tramite l'ovopositore, le uova. Successivamente la larva si dirige verso l'interno della struttura e inizia ad attaccare il substrato utilizzando le mandibole e mantenendosi in posizione tramite il dorso munito di spinule che si ancorano alla parete superiore della galleria. La larva attacca i substrati lignei per cibarsi delle sostanze nutritive presenti nella cellulosa, costituente principale delle pareti cellulari, e dell'amido. Scava gallerie a sezione circolare con decorso irregolare dal margine verso l'interno provocando il deterioramento del legno, profonde modificazioni strutturali ed estetiche nel manufatto. il legname, passando nell'apparato digerente, è privato dell'acqua e di ogni sostanza nutritiva. Per questo motivo il rosume, formato da granuli di dimensioni irregolari, risulta completamente disidratato. Gli adulti, quando sono pronti a sfarfallare, fuoriescono attraverso fori molto simili a quelli dei tarli del legno (perfettamente circolari e del diametro di circa 1,5 millimetri), quindi smettono di alimentarsi sopravvivendo fino a 6-8 settimane prima di concludere il loro ciclo vitale.

Lo Stegobium paniceum è un insetto cosmopolita, assai mobile e attivo. Ha ottime capacità di volo (si può catturare con lampade UV) ed è capace di spostarsi infestando locali e manufatti diversi anche a discreta distanza dal focolaio larvale.

XESTOBIUM RUFOVILLOSUM - cosiddetto "Orologio della morte"

Lungo da 5 a 7 millimetri, è di colore bruno rossastro, ha la superficie dorsale chiazzata di ciuffi irregolari di peli corti di colore giallo oro, il protorace è più largo della base delle elitre. Depone piccole uova ovoidali biancastre, molto lisce, ed ogni femmina ne depone da quaranta a duecento. I fori di farfallamento sono larghi 2-3 millimetri, le larve si sviluppano tra i due e quattro anni. Predilige la quercia, il castagno, l'olmo, il noce, l'ontano, il pioppo ed altre latifoglie, abbattuto o già in opera, con un livello di umidità piuttosto alto. Attacca anche le capitozze deperenti di Salice. Un attacco fungino di saprofiti ne favorisce l'insediamento. I danni dello

Xestobium sono analoghi a quelli dell'Anobium e si riscontrano frequentemente nei legnami utilizzati nelle vecchie costruzioni, specie se abbandonate, in quelli esposti all'aperto o comunque molto umidi.

APIDI

XYLOCOPA VIOLACEA - cosiddetta "Ape carpentiera"

Non è un insetto xilofago, tuttavia arreca gravi danni alle vecchie travi. Simile ai bombi ed erroneamente chiamato "calabrone" per il suo volo molto rumoroso, è un insetto solitario, di notevoli dimensioni (2-3 centimetri). Ha il corpo tozzo e peloso, nero lucente con riflessi violacei cangianti, le ali blu viola, con riflessi metallici. Si nutre di polline e nettare raccolto prevalentemente sui fiori delle Lamiaceae. La femmina scava nei tronchi e nelle travi degli edifici gallerie longitudinali che divide in cellette con rosume impastato e indurito, in cui stipa il miele e depone le uova. L'attacco è facilmente riconoscibile dai grandi fori (circa 1,5 cm), perfettamente circolari, che si notano sulla superficie del legno. Punge se fortemente disturbata, ma non è aggressiva.

BUPRESPIDI

(attaccano il legno)

Sono una famiglia di Coleotteri diffusa in tutto il mondo con oltre 15.000 specie. Gli adulti sono caratterizzati da corpo ovale, spesso dotato di colori metallici e forte punteggiatura, zampe brevi, fornite di tarsi pentameri (formula tarsale 5-5-5), ed antenne corte, con articoli più meno dentati. La stragrande maggioranza delle specie hanno ali posteriori prive dell'articolazione che consente di ripiegarle, come accade per gli altri coleotteri. Ciò permette l'istantanea apertura delle ali ed una partenza in volo rapidissima. Le dimensioni variano da pochi millimetri (genere **Trachys**) ai 7 del buprestide sudamericano **Euchroma gigantea**. Le larve sono apode ed eucefale, bianche, con il capo sclerificato rossastro. Si differenziano da quelle dei cerambicidi per la sproporzione tra il protorace, fortemente sviluppato e globoso, e l'addome sottile. I Buprestidi sono perlopiù fitofagi, ma alcune specie sono xilofaghe. Vivono soprattutto

nella zona al disotto della corteccia, altre all'interno degli arbusti, mentre le larve del genere **Trachys** scavano gallerie addirittura nello spessore delle foglie. Sono diffusi specialmente in ambienti tropicali o generalmente molto caldi. Gli adulti sono diurni, attivi sotto il sole. Quelli delle specie più piccole frequentano i fiori (**Antaxia, Acmaeodera**) o le foglie degli alberi (**Agrilus, Coraebus**), mentre quelli di dimensioni maggiori sono arboricoli e difficili da avvistare. La sottofamiglia primitiva Julodinae comprende specie arbustive diffuse in ambienti aridi.

I buprespidi aggrediscono sia le latifoglie (Agrilus, Chrysobothris) sia le conifere (Chrysobothris, Phaenops). Il ciclo vitale prosegue anche nel legname abbattuto. L'adulto fuoriesce dal legno attraverso un tipico foro ovale. La scortecciatura dei tronchi blocca l'infezione del legno.

CERAMBICI

(attaccano il legno)

Sono insetti di media grandezza (1-2 centimetri), caratterizzati da lunghe antenne che possono qualche volta superare anche la lunghezza dell'insetto stesso. I danni che causano sono notevoli: il ciclo biologico è molto lungo, da un minimo di 4 anni ad un massimo di 8, durante il quale le larve continuano a scavare gallerie nell'interno dello stesso pezzo di legno. I primi sintomi dell'infestazione si hanno quando su di esso appaiono i caratteristici fori di farfallamento ovali (parzialmente o totalmente occlusi da una massa farinosa e giallastra costituita da rosume), ma dal numero dei fori non si può dedurre la gravità dell'infestazione perché attraverso uno stesso foro possono fuoriuscire più esemplari adulti. Nei casi peggiori di attacco, il legno è completamente trasformato in un ammasso di rosume. Vi appartengono molte specie, solo poche però interessano il legno in opera.

CALLIDIUM VIOLACEUM

Raggiunge una lunghezza che va dagli 11 ai 15 millimetri, è di colore blu metallico. Attacca sia le conifere, sia le latifoglie, anche abbattute purché non ancora scortecciate.

HESPEROPHANES CINEREUS

Questo insetto produce danni non dissimili a quelli del "Capricorno delle case". Attacca il legno di quercia, cerro, robinia, faggio, pioppo, noce, castagno ed altre latifoglie. Lo si riscontra con frequenza in Toscana, Lazio e Campania. Ha un ciclo biologico che varia da 2 a 3 anni, dipende dalla temperatura e dell' umidità relativa. L'adulto ha dimensioni di 1-2,5 centimetri, è di colore bruno uniformemente coperto di una peluria grigia e attacca sia le strutture lignee, sia le suppellettili.

Le femmine depongono le uova di preferenza nelle fessure e nelle anfrattuosità del legno in opera come travature dei tetti, mobili, pavimenti ed ogni genere di infissi. I danni causati dalle larve possono essere molto gravi perché coinvolgono irreparabilmente la struttura e la resistenza meccanica del pezzo. Risulta infine assai difficile diagnosticarne la presenza.

Come s'individua...

Il pericolo è grave: sia per la difficoltà di accertare l'attacco al suo inizio (in quanto nulla traspare all'esterno, e soltanto dopo la prima generazione appaiono i fori d'uscita degli adulti piuttosto piccoli rispetto alla grandezza degli insetti giunti a maturazione), che per il diffondersi rapido dell'infestazione portata dagli adulti che volano. La superficie del legno non è mai attaccata, per questo è difficile individuarli visivamente. Ma l'HESPEROPHANES CINEREUS è un insetto grande e dotato di robuste mascelle, quando scava si sente, eccome se si sente! Se tagliamo un pezzo del legno aggredito, troveremo le sue gallerie cosparse di farina di legno, polvere ed escrementi... una schifezza.

Come s'interviene...

Occorre pulire energicamente con una spazzola d'acciaio le superfici infestate raggiungibili ed eliminare le parti gravemente danneggiate. Raccogliere la segatura e bruciarla per evitare la diffusione delle larve. Applicare a spruzzo o pennello un antitarlo professionale, non meno di 300 cc per metro quadrato, facendo in modo di allegare le gallerie iniettandolo con forza e a più riprese, possibilmente ripetendo il ciclo dopo qualche giorno e isolando con il nylon il manufatto dopo ogni applicazione in modo da creare una specie di camera a gas fra un trattamento e l'altro.

HYLOTRUPES BAJULUS - cosiddetto "Capricorno delle case"

È forse il pericolo maggiore per il legno in opera stagionato, interno ed esterno, specialmente di conifere, impiegato nelle armature di tetti, nei solai, ecc., ma nel

caso di forte infestazione possono essere colpite anche le latifoglie (quercia, pioppo, salice e acero), gli infissi e i mobili. L'insetto ha dimensioni che variano dagli 8 millimetri ai 22, è di colore bruno-nerastro con una pubescenza grigia formante una piccola macchia sulle elitre e antenne nodose lunghe circa 1 centimetro. È presente fino ad un'altitudine di circa 2.000 metri. La femmina depone le uova sulla superficie del legno o nelle fessure, in numero molto elevato. Le larve appena nate iniziano subito a scavare gallerie che si addentrano sempre più nell'interno del legno fino a raggiungere il durame che di solito non è attaccato. Le infestazioni si esauriscono in poche decadi. Il suo sviluppo dipende interamente dal contenuto di azoto presente nel legno il cui valore nutrizionale diminuisce con il tempo. Attacchi di notevole entità si riscontrano nei legnami messi in opera da un tempo relativamente recente (40-50 anni). Condizioni ottimali per lo sviluppo sono l'alta percentuale di umidità e la temperatura relativamente elevata (18-27°).

I danni provocati dalle larve sono estremamente gravi. L'adulto esce dal legno soprattutto con il clima secco e con temperature elevate. Da giugno ad agosto se la spassa bellamente. È provvisto di ali e può portare l'infestazione anche lontano dal luogo dove ha sfarfallato. Le uova sono deposte dalla femmina nelle fessure e nelle giunzioni del legno per mezzo di un ovidepositore retrattile, in più gruppi o colonie che possono arrivare ad avere fino a trecento uova. Il periodo di incubazione delle uova è di 5-9 giorni con una temperatura di 31,5 °C e umidità ambientale del 90-95%, oppure di 48 giorni con temperatura di 16,6 °C e umidità ambientale del 18% (condizione quest'ultima assai sfavorevole). Le uova si schiudono dopo una o due settimane e le larve cominciano a scavare gallerie sempre più grandi a mano a mano che l'insetto cresce. La larva si impupa in prossimità della superficie esterna del legno e l'insetto adulto che si forma uscirà fuori forando la fine pellicola di legno che lo separava dall'esterno.Il ciclo evolutivo completo ha una durata variabile che va da 1 a 7-8 anni, ma talvolta può arrivare a 15. Le gallerie sono riempite da una fine rasura che l'insetto non espelle all'esterno. Nessun danno è rilevabile fino al momento in cui gli insetti escono dal legno attraverso un foro ovale del diametro di 6-10 millimetri i cui bordi sono frastagliati. La larva è bianca, suddivisa in segmenti, con la parte anteriore allargata e provvista di due mandibole di color scuro; raggiunge i 4 centimetri di lunghezza quando è matura. Attacca i legni asciutti, predilige le essenze resinose e le latifoglie, partendo dalla superficie per penetrare sempre più all'interno, seguendo perlopiù una direzione longitudinale sino, se possibile, all'alburno. Le gallerie raggiungono il diametro di 6-8 millimetri, e possono decorrere vicine, separate da un diaframma finissimo. Divenuto adulto, l'insetto continua a vivere nel legno ed anche l'accoppiamento avviene all'interno delle gallerie.

Infesta sia il legno di latifoglia, sia il legno di conifera. L'insetto adulto ha dimensioni da 1,5 a 2,5 centimetri, è di colore giallo bruno, coperto da una sottile pubescenza. Si trova con sporadicità rispetto ad altri cerambicidi, ma i danni sono simili. Oltre le travature, attacca vecchi mobili e oggetti. Vive nel legno anche molto secco. Il ciclo biologico dura diversi anni e possono susseguirsi nel medesimo legname diverse generazioni d'insetti che alla fine possono ridurlo in una massa farinosa.

COSSIDI
(attaccano il legno)

COSSUS COSSUS - cosiddetto "Rodilegno rosso"

È un insetto polifago e xilofago che attacca i legnami nelle prime fasi della lavorazione e le latifoglie (acero, faggio, olmo, tiglio, platano, quercia, ecc.). in piena vegetazione e talvolta anche piante erbacee come il carciofo o la barbabietola.

Le larve mature possono raggiungere la lunghezza di 70-90 millimetri. Sono odorose, di colore rosso vinaccia sul dorso e giallastre o carniccio sui lati e sul ventre, il capo e le zampe sono nere come le macchie sul protorace. Su tutto il corpo sono visibili tubercoli piliferi scuri. La crisalide è bruna munita di spine per forare il diaframma che separa l'ultima camera dall'esterno. L'insetto adulto è una grande falena (apertura alare fino a 90 millimetri) di aspetto grigio cinereo o grigio rossiccio. Le ali anteriori mostrano delle sfumature biancastre e numerose linee trasversali nerastre più o meno marcate. L'insetto ha un ciclo triennale ed iberna sempre come larva. Gli adulti sfarfallano tra giugno e settembre con un picco in luglio. Le femmine sono poco mobili e frequentano preferibilmente i tronchi dove, dopo 48 ore dall'accoppiamento, depongono fino a 800 uova, suddivise in piccoli gruppi di 15-30, dentro le screpolature della corteccia e in genere nella parte bassa del tronco. Le larve dapprima vivono gregarie appena al di sotto della superficie, poi da solitarie scavano gallerie indipendenti verso l'alto o il basso con andamento obliquo in direzione del centro della pianta. È in questa fase che il legno subisce i maggiori danni. L'escavazione delle larve, che nel tempo si ingrossano fino a raggiungere le dimensioni di un dito medio, interrompono il flusso sia ascendente che discendente dei liquidi penalizzando notevolmente l'attività vegetativa e la durata della vita dell'albero. Inoltre le gallerie larvali riducono la portanza dei tessuti rendendo il legno fragile, facile a rompersi, talvolta deformandolo. Le larve giungono a maturità nell'autunno del secondo anno e, dopo aver trascorso l'inverno, nella primavera successiva si incrisalidano nella zona sottocorticale in un bozzolo sericeo protetto verso l'esterno da detriti legnosi e rosume che otturano il foro di uscita, predisposto per tempo. La sfarfallamento dell'adulto avviene dopo circa un mese. Il Cossus Cossus è associato a diverse specie di simbionti che gli forniscono gli enzimi per digerire il materiale ligneo.

Eccezion fatta per il rigonfiamento della corteccia e i fori da cui esce un colaticcio rosso costituito da rosura mista ad escrementi, l'attacco è praticamente invisibile. Se esso non viene diagnosticato, il ciclo vitale dell'insetto si può completare nei manufatti. In caso di infestazioni limitate, si possono distruggere le larve direttamente con l'ausilio di un filo di ferro tenero con cui si raggiungono all'estremità delle gallerie (metodo attualmente non più praticato), o indirettamente con l'introduzione in queste di prodotti insetticidi evaporanti, seguita dalla chiusura ermetica del foro. Tuttavia, è sempre consigliabile accompagnare queste pratiche con la tecnica della cattura in massa tramite le trappole a feromoni, metodo insostituibile nel caso si debba contenere un'infestazione su ampie superfici boschive. In caso di infestazioni molto pesanti è necessario distruggere le piante e i legnami colpiti. La prevenzione è quindi il modo più efficace di gestire questo xilofago.

CURCULIONIDI

(attaccano il legno e la carta)

Sono insetti di piccole dimensioni (2-4 millimetri) di colore bruno, con la testa allungata anteriormente a formare il cosiddetto "rostro" sul quale sono inserite le antenne e che termina con l'apparato boccale. Le femmine depongono le uova nel legno dopo aver scavato con il rostro una apposita nicchia. Adulti e larve scavano le proprie gallerie lungo le fibre del legno. Poiché non sono capaci di volare, si accumulano nella zona infestata, riducendo il legno in una massa di rosume pulverulento. Prediligono legni umidi, attaccati dai funghi. Causano danni gravissimi alle strutture lignee, ai tavolati e specialmente alla testa delle travi annegate nella muratura che possono essere distrutte totalmente.

PENTARTHRUM HUTTONI

L'attacco da *Pentarthrum huttoni* può essere distinto da quello degli Anobidi dal diametro più piccolo delle gallerie, dai fori di sfarfallamento ovali e dalla forma degli escrementi che è più rotondeggiante. Questo insetto infesta indifferentemente conifere e latifoglie, specie se attaccate da funghi.

FORMICIDI

CAMPONOTUS LIGNIPERDA - cosiddetta "Formica del legno"

L'adulto ha la forma di una formica che può superare il centimetro di lunghezza. I danni sono causati sulle piante in piedi, e talora anche nelle costruzioni in legno situate nei boschi, per l'insediamento delle colonie in nidi appositi, costituiti da molte gallerie scavate preferibilmente lungo la zona primaverile degli anelli e nelle quali sono deposte le nova e allevate le larve. I danni sono in genere di modesta

entità e quasi mai si riscontrano nei depositi dove l'insetto non ha condizioni favorevoli per il nido.

CREMATOGASTER SCUTELLARIS - cosiddetta "Formica rizzaculo" o "Formica cartonaia"

Mordace e lunga da 2,8 a 4 millimetri, è nota col nome di "formica rizzaculó" per la posizione che assume l'addome quando si sente in pericolo. Costruisce generalmente il nido sulle parti morte degli alberi, ma anche nelle travi e negli infissi di legno delle abitazioni. Il formicaio ha la consistenza del cartone (per questo è anche conosciuta col nome di "formica cartonaia") ed è costruito utilizzando un secreto prodotto da specifiche ghiandole encefaliche.

ISOTTERI - RINOTERMITIDI e CALOTERMITIDI
(Termiti)

Le termiti vivono in comunità molto numerose costituite da 3 caste: operaie, soldati e riproduttori. Il ciclo biologico comprende 3 stadi: uovo, ninfa e adulto. Le operaie sono sterili, attere, di colore biancastro, si occupano di tutte le attività relative al funzionamento della colonia. I soldati sono simili alle operaie, ma hanno il capo e le mandibole più sviluppati e fortemente sclerotizzati, devono difendere la colonia dai predatori, in particolare dalle formiche. I riproduttori sono di dimensioni maggiori, di colore da giallo bruno a nero, hanno due paia di ali trasparenti di uguale lunghezza. I riproduttori sono responsabili soltanto della riproduzione e in una comunità, pur essendovi numerosi riproduttori potenziali, soltanto una coppia, re e regina, sono normalmente riproduttori attivi. Se la regina muore ne subentra subito un'altra.

Come si è visto, sono insetti sociali incredibilmente organizzati e attivi, suddivisi in varie famiglie. Le specie più pericolose per i legnami e gli edifici sono quelle sotterranee, principalmente la **Reticulitermes lucifugus,** la **Reticulitermes santonensis** e la **Cryptotermes brevis**. In Europa le termiti sono presenti soltanto in certe aree geografiche limitate, la loro presenza è accertata in Italia, nelle zone peninsulari e nelle isole. In tali zone, l'uso di prodotti preservanti del legno nella lotta contro le termiti è integrato dall'adozione di altre misure di protezione adottate soprattutto per i pavimenti, le fondamenta e le pareti.

L'estrema pericolosità dell'attacco dipende dal fatto che, poiché le termiti rifuggono assolutamente la luce, nulla si percepisce ad una sommaria ispezione. La superficie esterna del legname è sempre accuratamente rispettata, cosicché l'allarme (sempre tardivo) è dato dal crollo di qualche trave o dallo sfondamento di qualche infisso quando l'infestazione ormai è pienamente in atto.

Sono lunghe dai 6 agli 8 mm e vivono in colonie sempre in dipendenza e nelle vicinanze d'un nido costruito nel terreno o dentro un grosso pezzo di legno. Le termiti divorano il legno, la carta e tutti i materiali che contengono cellulosa. Di solito prosperano in ambienti umidi e caldi.

Le termiti bucano il legno passando attraverso le fibre più tenere, in profondità. Non mandano segnali della loro presenza e non producono polvere di legno. Le si possono scoprire abbastanza facilmente solo quando attaccano i legni duri perché in questo caso scavano le gallerie in superficie. Se abitate in una casa particolarmente umida, cercate di risanarla.

Anche se è difficile difendersi dalle termiti, è possibile, scovato il nido, circoscriverne l'opera devastatrice. Là dove si sia verificata un'infestazione è meglio non installare un deposito di legnami.

RINOTERMITI

Le colonie di questa famiglia sono formate da un numero grandissimo di individui (diverse centinaia di migliaia). Le specie che vi appartengono sono annoverate tra le termiti sotterranee che nidificano in terreni umidi e attaccano, per cibarsene, legni molto umidi sia che si trovino nel suolo, sia che si trovino a notevole distanza dal nido. Dal nido, il legno in opera viene raggiunto attraverso cavità esistenti nei muri o

attraverso tunnel a perfetta tenuta di luce che gli operai costruiscono, anche sulle superfici a vista, con un impasto di saliva, terriccio ed escrementi (i cosiddetti camminamenti). Le colonie di questa famiglia sono costituite dai reali veri, dai reali di complemento, dagli operai, dai soldati e dalle neanidi.

KALOTERMES FLAVICOLLIS - cosiddette "Termiti dal collo giallo"

Queste termiti si trovano principalmente nell'Italia meridionale e nelle Isole. Costruiscono il nido all'interno del legno e la colonia non raggiunge mai grandi proporzioni. Scavano gallerie che si differenziano da quelle del **Reticulitermes lucifugus** per non essere tappezzate da terra ed escrementi, inoltre, esse si sviluppano lungo la cerchia degli anelli di accrescimento e non parallele alla direzione delle fibre. Questa specie mantiene sgombre le gallerie rimuovendo gli escrementi che sono asciutti, staccati l'uno dall'altro e a forma cilindrica con 4-6 scanalature longitudinali, attraverso piccoli fori praticati attraverso la superficie del legno. Gli escrementi che non sono rimossi, si depositano per gravità nel punto più basso della galleria (ad esempio, nei telai delle porte si depositano a livello del pavimento). L'attacco può essere individuato dalla presenza degli escrementi che si accumulano sulla superficie del legno, intorno e in prossimità dei fori. Le **Calotermes flavicollis** attaccano sia il legno di conifera, sia il legno di latifoglia. I danni maggiori si riscontrano nelle strutture lignee di chiese, vecchi edifici e nelle biblioteche.

KRYPTOTERMES BREVIS

Questa specie, originaria delle Indie occidentali, si sta diffondendo in tutto il mondo per la sua capacità di adattarsi alle condizioni ambientali più diverse. In Italia è stata segnalata per la prima volta nel 1997 in alcuni edifici della città di Napoli. Recentemente è stata segnalata in Sicilia in alcune abitazioni di Palermo e in Liguria. È una delle termiti più pericolose per le strutture e gli arredi lignei delle case di abitazione e dei musei. Le gallerie sono molto ampie e sempre sgombre di qualsiasi traccia di escrementi che sono a barilotto a sezione esagonale, con le facce leggermente incavate.

RETICULITERMES LUCIFUGUS

È comune in tutta l'area del Mediterraneo. La maggioranza della popolazione termitica è formata dagli operai, i soldati sono pochi e i reali pochissimi. Il numero dei componenti la colonia è elevatissimo: può raggiungere fino a 700.000-1.000.000

di individui. Dato il grande numero dei componenti della colonia e la straordinaria voracità degli operai, si verificano continue conquiste di zone lignee da infestare.

Avendo bisogno di elevati livelli di umidità, le **Reticulitermes lucifugus** costruiscono il nido nel terreno. Per raggiungere nelle vicinanze il legname necessario alla loro sussistenza, costruiscono sulla superficie di qualsiasi materiale che si frapponga tra il nido e la fonte di nutrimento, elaborati tunnel di terra e frammenti di legno. I tunnel proteggono le termiti dalla luce, dall'aria e mantengono il contatto con il terreno umido.

Le gallerie, parallele alla direzione delle fibre, sono sempre tappezzate da escrementi che, essendo ricchi di umidità, si raggrumano e si attaccano nel punto in cui vengono rilasciati. Gli escrementi sono impastati con terriccio e saliva, il composto ottenuto è utilizzato per costruire le cellette in cui si annidano gli operai e che vanno ad occupare gli spazi liberati in seguito all'attacco del legno o della carta, costituendo il cosiddetto legno (o carta) di sostituzione.

La superficie del legno non è mai intaccata, per questo si può fare una stima dei danni solo asportandola.

LICTIDI e BOSTRICHIDI
(attaccano il legno)

Gli insetti appartenenti a queste due famiglie causano al legno un danno simile: le larve scavano gallerie che sono stipate di un rosume molto sottile (come farina) e nei forti attacchi distruggono completamente il legno riducendolo ad un ammasso di rosume pulverulento. Attaccano l'alburno delle latifoglie in special modo di origine tropicale, contenente un adeguato contenuto in amido, nel caso di legname a durame non differenziato, l'attacco può interessare tutta la sezione del tronco. I Lictidi attaccano esclusivamente legno di latifoglia che oltre ad un adeguato contenuto in amido, abbia vasi di diametro superiore a 0,07 millimetri ed un'umidità compresa tra l'8% e il 30%. Tra le varie specie di Lictidi, le più diffuse in Italia sono il **Lyctus linearis** ed il **Lyctus brunneus**.

LICTIDI

Sono coleotteri appiattiti e allungati di piccole dimensioni (3-5 millimetri), prediligono il legno di latifoglia. A differenza degli Anobidi, la testa è ben visibile e le antenne hanno forma clavata. Le elitre sono lunghe due volte e mezzo la larghezza. Attaccano sculture e oggetti lignei, mobili antichi e tavole dipinte riducendole in polvere finissima.

Il **Lyctus linearis** è una specie europea, mentre il **Lyctus Brunneus** è di origine tropicale, ma si è acclimatato in tutto il mondo tanto da diventare la specie più diffusa.

Il **Lyctus linearis** è di color bruno scuro, lungo da 2.5 a 5 millimetri. Le larve praticano gallerie che seguono le fibre del legno. Attacca tutte le latifoglie a vasi grossi e con legno tenero.

Il **Lyctus brunneus** è di colore bruno scuro, con le elitre più chiare, spesso rossastre, finemente e densamente decorate con linee longitudinali irregolari. Misura da 3 a 5 millimetri di lunghezza. Nei nostri climi giunge a sviluppo in uno o due anni.

La femmina di entrambe le specie, depone le uova (che hanno una particolare forma a sacchetto allungato) all'interno dei vasi del legno - per questa ragione sono attaccati i legnami a vasi grandi. Le larve scavano gallerie nel legno alla ricerca dei nutrienti di riserva contenuti nelle cellule, principalmente amido. Dopo un periodo che varia da 8-10 mesi a 2 anni, dipende delle condizioni ambientali (ad esempio, temperatura elevata ed umidità sotto il 30%), la larva si porta vicino alla superficie del legno e si trasforma in pupa, dopo un mese fuoriesce l'adulto attraverso un foro di circa 1,5 millimetri di diametro.

L'attacco avviene sia sui segati che sui manufatti. All'inizio è difficile scoprire un'infestazione in quanto le larve scavano le loro gallerie nell'interno del legno e l'attacco è evidenziato soltanto dalla presenza di mucchietti di segatura molto sottile e dai fori di sfarfallamento sulla superficie al momento della loro fuoriuscita. Sono insetti volanti per questo li si possono tranquillamente trovare in giro per casa attaccati alle tende o alle pareti. Dato il loro ciclo biologico relativamente breve, possono deporre le uova sul legno dal quale sono sfarfallati e su qualsiasi altro materiale ligneo sano aumentando così il danno e la diffusione. Le uova si schiudono dopo un paio di settimane dalla deposizione. L'attacco di questo insetto comincia dal pavimento (dal parquet, dai tavolati, ecc.), sale infestando mobilio, rivestimenti in legno, ecc., quindi raggiunge il soffitto. Un professionista.

Fra i legni indigeni, le specie più facilmente attaccabili sono: la quercia, l'acero, il noce, e il nocciolo, il frassino, il castagno, l'olmo, l'olivo, l'acacia, l'eucalipto e la robinia. Tra le essenze tropicali: l'obeche (wawa), il ramino, il lauan, l'ilomba, il

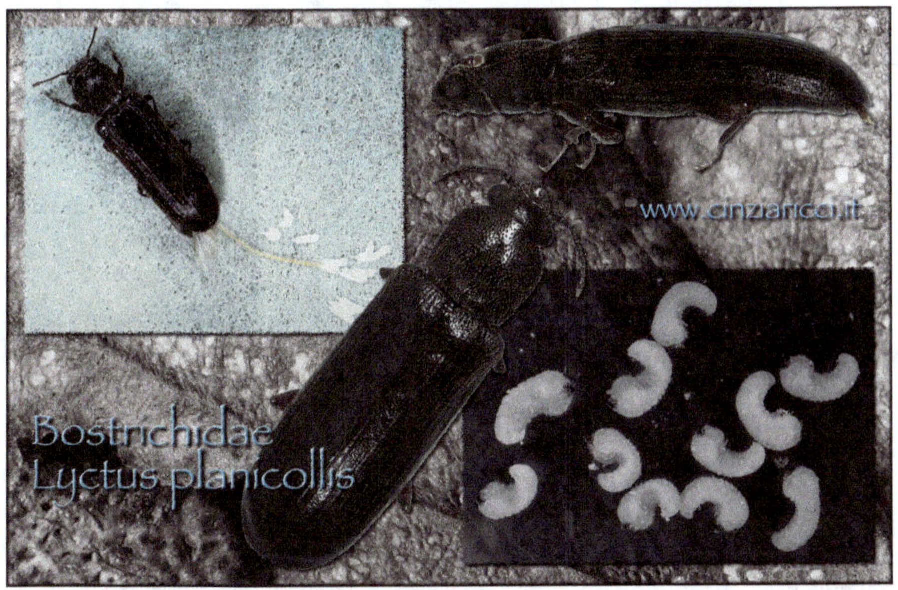

fromager, l'abura, il meranti e il baboen. Non sono invece attaccati il ciliegio, il faggio, l'ontano, il pioppo, il salice, il tiglio, la betulla, il melo e il pero.

Al momento attuale i Lyctus rappresentano per l'Italia la categoria più nociva di insetti attaccanti materiale in opera, dato il sempre più diffuso impiego di legnami tropicali teneri per infissi, porte, mobili, strutture costruttive, rivestimenti, compensati, impiallacciature, e del legno di quercia non privato dell'alburno, per liste da pavimento. La lotta contro di essi è pertanto della massima importanza, ma questa può avere successo esclusivamente se fatta con carattere preventivo o quando l'attacco è iniziato da pochissimo tempo.

LYCTUS PLANICOLLIS

Originario del Nord America, è oggi diffuso in varie parti del mondo tra cui l'Europa. Predilige il rovere e il frassino, ma può attaccare tutte le essenze citate per le altre specie di Lyctus.

BOSTRICHIDI

Attaccano i legni di latifoglia con elevato contenuto di amido, si insediano su legno piuttosto umido, sia in foresta sia nei depositi, e proseguono la loro attività su legno stagionato. Hanno dimensioni molto variabili a seconda della specie, da 2 millimetri a 3 centimetri, ne consegue che le gallerie fatte dalle larve variano notevolmente in diametro. La femmina depone le uova sulla superficie del legno o nelle gallerie scavate dalle larve che sono prive di rosume. Le larve scavano gallerie

individuali le quali, nei primi stadi dell'attacco, corrono parallelamente alle fibre del legno e sono piene di rosume sottile e compresso. Il danno causato dai Bostrichidi sono simili a quelli dei Lictidi. I Bostrichidi causano danni ingenti nei paesi tropicali, ma nel nostro clima sono meno pericolosi dei Lictidi ed i danni maggiori si hanno su legname di importazione.

Il **Bostrychus capucinus** è una specie mediterranea. l'**Apate monachus**, la **Xyloperthella crinitarsis**, l'**Heterobostrychus aequalis** e l'**Heterobostrychus brunneus**, sono specie tropicali introdotte in aree temperate dove possono produrre danni ingenti.

BOSTRYCHUS CAPUCINUS

Attacca le radici di liquirizia conservate nei magazzini.

DINODERUS MINUTUS

Aggredisce il bamboo provocandone la distruzione completa.

XYLOTERUS LINEATUS - cosiddetto "Bostrico lineato"

È lungo sino a 3 millimetri, di colore che va dal giallo brunastro al bruno scuro. Aggredisce soltanto le conifere con legno umido.

PLATIPODIDI e SCOLITIDI
(attaccano il legno)

In alcuni casi anche gli insetti adulti prendono parte attiva alla distruzione del legno - questi appartengono alle famiglie dei Platipodidi e degli Scolitidi, con specie prevalentemente corticicole ma alcune xilofaghe.

Noti con il nome di "Coleotteri dell'Ambrosia", sono insetti che s'insediano nel legno appena abbattuto e nei depositi. Molte specie appartengono a queste due famiglie e generalmente hanno piccole dimensioni variabili da 1 a 3 millimetri. Sono diffusi in tutto il mondo e soprattutto nei tropici dove il legno può essere attaccato in ogni periodo dell'anno.

Il ciclo biologico varia a seconda delle specie, da poche settimane in clima tropicale, a uno o due anni in clima temperato. La femmina scava all'interno del legno una galleria sui cui lati depone le uova, da queste fuoriescono le larve che scavano brevi gallerie individuali ad angolo retto con la galleria materna. Le larve si nutrono di particolari funghi (Ambrosia), introdotti nel legno dall'insetto adulto. Questi funghi si sviluppano sulle pareti delle gallerie conferendo loro una caratteristica colorazione scura. Le gallerie materne sono prive di rosume perché l'insetto adulto lo espelle all'esterno accumulandolo sulla superficie in mucchietti o sottoforma di piccoli cilindri compatti. Dato che i funghi

necessitano di una elevata umidità per svilupparsi garantendo il nutrimento delle larve, gli insetti non possono sopravvivere nel legno secco e ben stagionato.

Il danno prodotto da questi insetti è sempre evidente a causa dei fori e delle gallerie che in taluni casi, data la loro colorazione scura dovuta all'attacco della muffa, può interessare la zona circostante sino alla superficie del legno danneggiandone irrimediabilmente l'estetica. Il legno stagionato non viene re-infestato. Il ritrovamento in casa è spesso dovuto alla presenza di legname cortecciato da ardere in stufe e caminetti.

PSOCOTTERI

Cosiddetti "Pidocchi dei libri e della polvere" o "Mordilibri"
(attaccano la carta, imbottiture, farine e granaglie)

Gli Psocopteri, detti anche Corrodentia o Copeognatha, sono un ordine di insetti di piccole dimensioni (1 millimetro o poco più), con livree di colori generalmente smorti o variegati, spesso atteri, con esoscheletro poco consistente. L'ordine comprende circa 3.800 specie (100 in Italia), ripartite in tre sottordini: Trogiomorpha, Troctomorpha e Psocomorpha. Comunemente si trovano in gran numero sotto le pietre, ma li si può trovare pure nelle abitazioni, come parassiti. Vivono riparati nel terreno, sotto le cortecce degli alberi, nelle biblioteche (attaccano i materiali cartacei, i libri e i manoscritti antichi), nelle imbottiture e negli

angoli nascosti dei mobili (meglio se molto umidi e ammuffiti), nelle collezioni botaniche o zoologiche, nelle farine alimentari e nei loro derivati. Sono fitofagi, si nutrono di materiali di origine animale o vegetale, funghi, alghe, licheni. A volte infestano silos di cereali, possono essere dannosi sia per le lesioni prodotte, sia perché vettori di microrganismi patogeni, responsabili di dermatiti allergiche.

Contro di essi, si devono adottare due strategie, di cui la prima è fondamentale, anche dal punto di vista della prevenzione: il controllo dell'umidità attraverso un comune deumidificatore ed aerando il più possibile gli ambienti. Ridotta l'umidità ambientale sotto il 50%, bonificate tutte le zone umide circoscritte e risanate dalle infestazioni di muffa, utilizzando un aspirapolvere degno di questo nome, si deve procedere ad una capillare, potente aspirazione degli anfratti in cui gli psocotteri vivono e si riproducono: gli angoli, le crepe, i cassetti, dietro gli scaffali, sotto, sopra, dentro e dietro i mobili, dietro i battiscopa, nei telai dei serramenti, nei pressi dei raccordi dell'acqua, nella carta da parati, nelle intercapedini, ecc. È inoltre necessario eliminare fiori secchi, piante e qualsiasi altra suppellettile che possa ricreare le condizioni ottimali al loro sviluppo. Ciò fatto, si ricorre ad un'energica disinfestazione con insetticidi a base di piretro spruzzati nei suddetti luoghi, avendo cura di non contaminare alimenti e bevande che in ogni caso, successivamente, andranno protetti perché il principio attivo è persistente e altamente tossico. Durante il trattamento proteggere gli occhi e la pelle, non respirare il gas, non soggiornare nell'ambiente. Lasciare agire e asciugare, poi aerare abbondantemente, quindi sigillare crepe, fessure e quant'altro per impedire agli insetti di tornarvi. Si può anche tentare di risolvere il problema senza utilizzare insetticidi, limitandosi alla deumidificazione, all'aspirazione e al trattamento antimuffa, ma l'uso del veleno aiuta ad eliminare l'infestazione ove non sia possibile intervenire con questi soli mezzi.

SIRICIDI
(attaccano il legno e talvolta la carta)

Gli adulti hanno addome sessile. Le femmine hanno lunghi ovopositori per inoculare uova in profondità nel legno (ma solo quello fresco). Non si nutrono. Le femmine ospitano un fungo che trasmettono ad ogni uovo depositato. Perché il ciclo biologico si completi possono volerci anche molti anni. Le dimensioni dell'adulto sono variabili e dipendono dal regime alimentare seguito dalla larva. I buchi di uscita dal legno sono di diverse misure. Per sfarfallare l'adulto riesce a forare lastre di piombo spesse sino a 4 millimetri. L'uscita degli adulti dal materiale posto in opera, in sé non provoca danni gravi, va piuttosto effettuata una attenta valutazione dello stato interno del legno.

SIREX GIGAS o UROCERUS GIGAS - cosiddetto "Vespa del legno"

Sono insetti di grande taglia (fino a 3,5 cm) e ricordano nell'aspetto le vespe. La femmina depone le uova, da giugno a settembre, per mezzo di un ovopositore a trivella che raggiunge lungo l'interno delle conifere abbattute di recente. Dopo circa 2 mesi di incubazione, le uova si schiudono e le larve iniziano a forare il legno in direzione longitudinale.

Questi insetti vivono in simbiosi con funghi che trasformano i componenti del legno in sostanze digeribili dalle larve. La larva scava grandi gallerie stipate di rosume sia nell'alburno, sia nel durame del legno. L'insetto fuoriesce da fori perfettamente rotondi che per le specie più grandi raggiungono i 6 millimetri di diametro. Il ciclo biologico è di 2-3 anni. Questi insetti, pur attaccando il legname in foresta, continuano il loro ciclo biologico fino alla fuoriuscita dell'insetto perfetto anche se il legname è stato messo nel frattempo in opera. I Siricidi attaccano le resinose ed in particolare l'abete bianco. Danni di questi insetti si possono riscontrare in travature ed altre strutture portanti e sono ben riconoscibili dalla forma perfettamente rotonda dei fori di sfarfallamento.

TISANURI

(attaccano la carta, i tessuti, la pelle)

È un insetto persino simpatico a vedersi, terrestre, il corpo allungato e sottile. Ha due antenne molto lunghe e sensibili, e tre lunghi cerci posteriori anch'essi con funzione tattile. Il corpo (esclusi antenne e cerci) può arrivare a circa 1 centimetro di lunghezza. Il colore metallico del corpo deriva da scaglie argentee che si formano dopo la terza muta.

A seconda delle condizioni di vita, un pesciolino d'argento diventa completamente adulto in un tempo variabile fra quattro mesi e tre anni. A temperatura ambiente (21-23 gradi celsius) diventa adulto entro un anno. Può vivere da due a otto anni, e può mutare fino a circa otto volte in tutto e fino a circa quattro volte in un anno. Ad una temperatura compresa fra 25 e 30 gradi, la femmina depone circa un centinaio di uova, preferibilmente in ambienti riparati come fessure o crepe. I pesciolini d'argento non possono riprodursi in ambienti freddi e secchi.

Il cibo preferito sono le sostanze che contengono amido o polisaccaridi come la destrina usata negli adesivi: l'insetto ama quindi la colla, le legature dei libri, le foto, i francobolli, lo zucchero, i capelli, la forfora e la polvere. Non disdegna neppure cotone, lino, seta, insetti morti o persino la sua stessa exuvia (la pelle persa nella muta). In caso non trovi altro cibo, il pesciolino d'argento può arrivare a rovinare capi in pelle (cinture, scarpe) o indumenti in fibra sintetica. Tuttavia, può restare senza cibo per mesi senza soffrirne.

Vive nei luoghi bui e umidi, sotto pietre e foglie in decomposizione, nei nidi delle termiti e delle formiche, negli interstizi dei legnami all'aperto, ma anche nelle abitazioni. Lo si può trovare, tra l'altro, sotto i frigoriferi, nei bagni ben riscaldati, nelle fessure e nelle crepe di mattoni e tegole. Amano rosicchiare libri, tappezzerie e tessuti. Possono essere talvolta confusi con un'altra specie con abitudini e aspetto molto simili, la **Thermobia domestica**, che però preferisce ambienti più caldi, come forni di panetterie.

In alcune zone d'Italia, il pesciolino d'argento è chiamato anche àculo (probabilmente dal latino aculeus). A Palermo è generalmente chiamato "fuifui" o "sarduzza", a Catania "mangiacarte".

COME INTERVENIRE

- Spesso per i gambi dei mobili e le giunzioni non c'è più niente da fare. Se sapete farlo asportate e ricostruite le parti irrecuperabili con legno sano, compatibile per stagionatura e caratteristiche.

- Là dove il legno risulta danneggiato gravemente ma non sostituibile (ad esempio superfici piane estese che si sfarinano compromettendo la struttura del mobile, gambi di mobili pregiati, ecc.), occorre consolidarlo imbibendolo secondo necessità con speciali resine sintetiche o, come si faceva una volta, con colle a caldo. La resina più indicata è il Paraloid B 72, venduto pronto all'uso o in palline trasparenti che devono essere sciolte in xilolo o diluente alla nitro.

- Raccogliete la segatura e bruciatela insieme ai pezzi di legno asportati in modo da evitare la diffusione di uova e larve.

- Imbibite abbondantemente il manufatto con un antitarlo professionale (per un ciclo non meno di 250/300 cc ogni metro quadrato):

- a spruzzo (in caso di travature interne in ambienti areati e non abitati, pavimentazioni, rivestimenti e legnami esterni, ecc. – ma questo non è un lavoro adatto a voi, dovete rivolgervi ad operatori specializzati);

- a pennello (indicato per mobili e rivestimenti situati in case areate, anche abitate);

- per immersione (ideale quando abbiamo a che fare con piccole superfici, ad esempio oggetti).

- Insistete soprattutto dove il legno è completamente o parzialmente grezzo (nella parti interne del mobile, nei cassetti, dietro, sotto e sopra, soprattutto nelle fessure, nelle giunzioni, ecc.).

- Continuate ad imbibire sin tanto che il legno non assorbe più.

- Prima di spennellare le parti smaltate, laccate o verniciate a tampone (gommalacca), fate una prova in una zona poco visibile per verificare che non vi siano reazioni chimiche indesiderate, lasciate asciugare e poi procedete.

- Attraverso i fori d'uscita dei tarli, iniettate nelle gallerie con forza e a più riprese l'antitarlo. Usate siringhe di grandi dimensioni, quelle per l'insulina vanno bene per i mobili della Barbie.

- Ripetete il ciclo d'imbibizione due, tre volte, a seconda della gravità dell'infestazione e a distanza di sette/dieci giorni tra un trattamento e l'altro, comunque quando il precedente trattamento è stato completamente assorbito e le superfici sono asciutte.

- Se possibile, dopo ogni applicazione isolate il manufatto con il nailon in modo da creare una specie di camera a gas fra un trattamento e l'altro.

- Ultimati i cicli d'imbibizione trattate il legno grezzo destinato a stare in interni, ma soprattutto quello che rimarrà all'aperto, con un impregnante antitarlo e, già che ci siete, antimuffa, neutro o colorato, secondo i gusti e le necessità. Mi raccomando, solo su legno grezzo! Spennellare l'impregnante su smalti, lacche o vernici a tampone, non solo non servirebbe a nulla, ma rischierebbe di rovinarle!

- All'interno, dietro, sotto e sopra i mobili, è più indicato dare una passata di turapori alla gommalacca o solo gommalacca abbastanza dura, meglio due. Come sempre insistendo su crepe, fessure, giunzioni, ecc. Occhio a non intaccare la verniciatura!

- Un'abbondante finitura a cera d'api, colorata o neutra, è sempre consigliabile, soprattutto nelle parti interne dei mobili (si stente a pennello riempiendo con cura buchi, fessure e giunzioni - la cera in eccesso si leva subito stendendola con un panno).

- Anche i buchetti prodotti dai tarli vanno chiusi entro breve tempo, comunque prima di lucidare il manufatto. Per chiuderli si può usare lo stucco, la cera d'api colorata o la cera solida in bastoncini (ma quest'ultima non è facile da applicare, se non siete esperti non provateci).

- Lo stucco o la cera usata su legni smaltati, laccati o verniciati a tampone (gommalacca o altro), deve avere una colorazione simile alla superficie stessa, deve riempire i buchetti senza imbrattare la zona circostante, senza calare nei buchi creando avvallamenti e senza creare inestetiche montagnette su di essi.

- Quando il riempitivo scelto è ben asciutto, si elimina l'eccesso "spagliettando" delicatamente con la lana d'acciaio fine tutta la superficie (moventi leggeri e circolari).

- Si finisce applicando sull'intera superficie un velo sottilissimo di cera d'api (per le superfici verniciate a tampone è preferibile colorata così da "macchiare" gli stucchi e riempire eventuali buchi sfuggiti alla stuccatura, per quelle verniciate è meglio neutra), si lascia asciugare, quindi si lucida energicamente con un panno di lana.

Meglio di così!

NOTA BENE

È inutile fare un trattamento antitarlo ad un solo mobile o ad una sola stanza. I tarli, anche se non si vedono o sentono altrove, quasi certamente sono al lavoro e prima o poi sbucheranno fuori tornando ad attaccare anche loro. L'antitarlo è un prodotto chimico, un insetticida - esaurita l'efficacia del principio attivo, tanti saluti! Quindi, se non volete buttar via soldi e tempo, quando decidete di sferrare l'attacco fatelo a 360° – senza pietà.

L'ANTITARLO

L'antitarlo è un veleno più o meno nocivo per l'uomo e gli animali domestici, non dimentichiamolo.

Ne esistono molti tipi in commercio, da quelli più professionali che vanno maneggiati con estrema prudenza e in luoghi idonei (ad esempio lo "**Xylamon**" - circa 10 euro al litro - che essendo a base di cloro può lasciare aloni intorno ai buchi dei tarli compromettendo la colorazione uniforme della verniciatura), a quelli più comuni e palliativi (il già citato "**Timpest**" che poi, a guardar bene, non è nemmeno economico). Fra questi opposti si collocano prodotti relativamente recenti che rispondono alle nuove necessità di mercato: facilità d'uso, poco o nulla

odore e bassa tossicità – caratteristiche indispensabili se si utilizzano in ambienti abitati e/o non sufficientemente areati. Il **SINOTAR**, che oltre ad essere un ottimo antitarlo è anche fungicida residuale a forte azione penetrante per legno, è uno di questi. Non troppo tossico e del tutto inodore, può essere usato praticamente da chiunque con le giuste cautele (applicarlo a finestre aperte, per sicurezza, proteggendosi la pelle e gli occhi). Costa circa 10 euro al litro. Considerato che per effettuare un ciclo di due applicazioni su una superficie di un metro quadrato mezzo litro non basta... Ad ogni modo, come ho già avuto modo di scrivere, quando si tratta di qualità e salute risparmiare non ha alcun senso.

CERA IN PASTA

Non è un antitarlo, ovviamente, ma ai tarli non piace prenderla a morsi e quando se la trovano davanti di norma cambiano strada. La cera d'api è un prodotto abbastanza naturale, versatile ed utilissimo, ogni persona che tenga ai suoi mobili dovrebbe averne un barattolo in casa. È un ottimo lucidante, nutre, colora, protegge ed inoltre asciugandosi solidifica, per questo consiglio di usarla per riempire buchi, fessure, crepe e giunzioni nelle quali i tarli amano deporre le uova.

Anche in questo caso ne esistono molti tipi. Dalle più sofisticate e costose (quelle destinate a far bella mostra di sé nelle botteghe antiquarie, ma poi chissà cosa c'è dentro) a quelle più "plebee" e relativamente economiche normalmente usate per lucidare il parquet. Le cere **"Fata"** ed **"Ambra"**, ad esempio. Ecco, io vi consiglio di non farvi ingannare: spesso quelle più care sono anche le più difficili da maneggiare. Se ne occorre una gran quantità o il manufatto non è di gran pregio, la cera "Ambra" è a mio avviso la più indicata: cremosa al punto giusto, bel colore e un chilo costa intorno ai 20 euro, non è poco, ma in fondo di solito ne serve poca, un barattolo può durare tantissimo

Dunque, buttate via quegli stupidi e dannosi spray, per lustrare e preservare il vostro legno non c'è niente di meglio che un po' di olio di gomito e cera d'api in pasta, preferibilmente colorata!

IMPREGNANTE O TURAPORI?

Turapori alla gommalacca, naturalmente - sui mobili e sul legno massello in interni o impiallacciato. Sul legname da esterni, porte e infissi lasciati a legno, va bene anche un impregnante a base di resine uretanizzate, anche colorato, che non faccia pellicola (il colorificio **Feroni** ne ha un tipo veramente eccellente), quindi non soggetto a sfogliare. Ve ne sono anche all'acqua e qualcuno li preferisce, ma io sono ancora delle vecchia scuola :)

Il turapori alla nitro è un'alternativa di minor pregio, più aggressiva, da utilizzarsi su legnami di poco pregio, in interni.

IL KIT DEL PICCOLO STERMINATORE (DI TARLI)

Per interventi domestici semplici e relativamente veloci:

• un paio di guanti per proteggere la pelle da acidi, solventi e veleni;
• una maschera antigas con filtri;
• un paio di occhiali o una visiera per proteggere gli occhi da possibili schizzi;
• un pennellaccio largo non meno di 5 centimetri;
• una tuta da lavoro che poi deve essere accuratamente lavata;
• teli di nylon e nastro adesivo da pacchi per sigillarli;

- qualche siringa di grandi dimensioni, ad esempio da 60 ml con aghi grandi;
- un antitarlo professionale;
- cera d'api colorata o neutra;
- stucco fine per legno colorato;
- una spatola grande (cm. 10) ed una piccola (cm. 5);
- lana d'acciaio fine;
- diluente sintetico o acquaragia per pulire gli attrezzi;
- stracci e un panno di lana.

PILLOLE DI SAGGEZZA

Non sarebbe meglio prima di ritrovarvi a combattere l'impari guerra contro un'infestazione di tarli, se provvedeste a fare un buon trattamento antitarlo preventivo ai vostri mobili verso marzo o aprile? Se prima di cacciare di casa l'impresa edile o gli imbianchini gli faceste fare un energico trattamento alle travi controllando bene che facciano il lavoro per il quale li state pagando? Se prima di acquistare un mobile antico obbligaste l'antiquario a firmare una liberatoria nella quale s'impegna, in caso sia tarlato, a risarcirvi i danni? Sì, sarebbe meglio… E ALLORA FATELO!

FAQ

1) *I tarli hanno attaccato il vecchio parquet della mia camera. Il trattamento devo farlo solo al pavimento (che ha vistosi buchi e gallerie) o anche ai mobili e ai numerosi oggetti in legno di cui la mia stanza è piena?*

È buona norma, quando ci si trovi di fronte alla presenza dei tarli, effettuare un buon trattamento anche ai manufatti in legno che sembrano sani. In genere, i tarli non aggrediscono i derivati del legno (il truciolare, ad esempio, e il laminato che generalmente è truciolare o MDF rivestito), anche se ho osservato attacchi piuttosto seri persino nel multistrato (fogli sottili di legno sovrapposti e incollati tra loro). Dunque, non mi preoccuperei per i derivati più scadenti (truciolare e laminato, appunto), ma presterei attenzione al multistrato, specie se vecchio. Rispondendo quindi più chiaramente alla domanda: consiglio il trattamento sia al parquet, sia ai mobili e ai manufatti in legno - per sicurezza, a titolo preventivo.

2) *Quali tipi di legno sono attaccati dai tarli?*

Quasi tutti, con maggiore o minore probabilità. L'attacco dipende ovviamente dalle caratteristiche dell'essenza (latifoglia o conifera, legname morbido, duro, umido, asciutto, ecc.), dalle condizioni climatiche, dallo stato della verniciatura e dalle sue condizioni generali. Un mobile ben tenuto, con la verniciatura in ottimo stato (spessa ed uniforme), senza danneggiamenti (crepe, ammaccature, cedimento degli incastri), conservato in un ambiente sano con il giusto grado di umidità e temperatura, tenuto lucido e pulito con cera d'api (anche all'interno, dietro, sopra e sotto), corre meno rischi di un mobile maltenuto e rovinato.

3) *Perché i tarli non attaccano il truciolare e il laminato?*

Perché non possono. Il truciolare è un materiale ottenuto mescolando trucioli di legno (scarti di lavorazione) alla colla. L'impasto viene poi pressato in modo da ottenere fogli compatti e relativamente solidi. Questa procedura indurisce i trucioli e li compatta tra loro al punto che i tarli, anche volessero, non potrebbero penetrarvi. Le lamine in materiale plastico con cui spesso i derivati del legno sono rivestiti, aggiungono un'ulteriore barriera invalicabile.

4) *Perché un mobile trattato da poco tempo con l'antitarlo, subisce nuovi attacchi?*

Ciò accade quando il trattamento non è stato eseguito a regola d'arte, quando si è utilizzato un antitarlo scadente il cui principio attivo si è esaurito rapidamente o quando, pur avendo eseguito i lavori perfettamente usando il più micidiale antitarlo, non si siano raggiunti tutti i nidi delle larve. Queste, illese, possono così raggiungere l'età adulta sfarfallandosene via dopo aver ulteriormente danneggiato il manufatto e deposto nuove generazioni di tarli! In ogni caso, fare un buon trattamento, per quanto eseguito a regola d'arte, usando i migliori prodotti, riuscendo persino a raggiungere le larve annidate nei punti più profondi del legno, non risolve il problema a vita. Esaurito il principio attivo del veleno presente nell'antitarlo ed evaporate le essenze che disturbano le care bestiole, il legno, specie se non in buone condizioni, torna ad essere in pericolo. Ecco perché chi ha mobili ed oggetti in legno antichi o vecchi, in primavera farebbe meglio a trattarli con un buon antitarlo avendo poi cura di riempire crepe, fessure e buchi con la cera, successivamente lucidata sulle superfici a vista. Il trattamento (antitarlo e cera) deve essere effettuato ovunque, anche dentro, dietro, sotto e sopra i mobili - altrimenti non ha senso farlo, sarebbe come chiudere a chiave la porta di casa lasciando le finestre del pianterreno aperte! Capisco che di fronte ad un tale lavoraccio anche il più volenteroso possa scoraggiarsi, ma se proprio non si ha tempo e voglia, si può programmare la manutenzione con scadenze periodiche, senza però lasciar passare troppi anni tra un trattamento e l'altro e, soprattutto, senza aspettare di vedere i preoccupanti cumoletti di polvere formarsi sotto e dentro i mobili!

5) *Un'amica mi ha consigliato di eliminare i tarli da un vecchio cassettone trattandolo con il petrolio, faccio bene?*

Male non fa, ma certo non risolve il problema. Il petrolio non è un insetticida, è un idrocarburo usato come lubrificante, solvente, combustibile, carburante, ecc. - è inoltre particolarmente indicato nella pulizia dei motori meccanici in quanto scioglie e quindi consente di eliminare con facilità ogni residuo oleoso, anche il più incrostato e tenace (ad esempio il grasso indurito negli ingranaggi). Gli antitarlo che diluiscono in forte percentuale il principio attivo con esso e/o con altri solventi, sono dei palliativi sostanzialmente inutili. Un antitarlo è tanto più efficace, quanto più principio attivo (**Permetrina** e **Decametrina**, ad esempio) contiene. In commercio vi sono moltissimi prodotti destinati ad un uso non professionale, casalingo. Queste soluzioni devono necessariamente contenere il principio attivo in basse proporzioni, altrimenti gli ospedali si riempirebbero di casalinghe e improvvisati disinfestatori. Ecco perché gli antitarlo professionali non sono in vendita nei supermercati ma solo presso i rivenditori specializzati.

6) *Siamo sicuri che l'antitarlo non danneggi la verniciatura dei mobili?*

No. Può aggredirla proprio perché l'antitarlo contiene in proporzioni diverse vari solventi per diluire il principio attivo e favorirne la penetrazione nel legno. Prima di spennellare e iniettare l'antitarlo sulle parti a vista verniciate del legno, è bene fare una prova in una zona nascosta. Se la vernice si opacizzarla, sbianca o addirittura screpola e se intorno ai fori si creano aloni scuri o chiari, occorre cambiare prodotto sino a trovare quello giusto - tuttavia, non tutte le verniciature sono trattabili, e se ci si trova in questa malaugurata situazione, non resta che affidare il mobile ad un artigiano di fiducia che dovrà sverniciarlo, trattarlo e lucidarlo a gommalacca, secondo le tecniche del restauro.

7) *Durante il trattamento, le esalazioni dell'antitarlo potrebbero in qualche modo danneggiare oggetti in plastica ed altri materiali (dispositivi elettronici, tessuti, ecc.)?*

Le esalazioni dei principi attivi e dei solventi presenti negli antitarlo e nelle cere non causano danni agli oggetti, solo ai nostri polmoni se li si respira usandoli in ambienti non areati! Ma, come ho scritto in altre occasioni, se queste sostanze allo stato liquido entrano a contatto con alcuni materiali, si possono verificare reazioni chimiche che potrebbero danneggiarli.

Il diluente alla nitro, ad esempio, aggredisce <u>tutte</u> le vernici e "scioglie" certi tipi di plastica. Il diluente sintetico - efficace per rimuovere i collanti dalle superfici - talvolta deteriora sciogliendola anche la plastica. Alcuni antitarli possono avere i medesimi effetti a causa dei solventi in essi contenuti. Eviterei, quindi, di far entrare in contatto con l'antitarlo tessuti ed ogni altro materiale, non solo per evitare che si macchino o danneggino, ma anche per non contaminarli con l'insetticida, dannoso per i tarli ma anche per gli esseri umani e gli animali domestici, in particolare i gatti.

8) *Per iniettare l'antitarlo nei buchi e nelle gallerie, cosa devo utilizzare?*

Comunissime siringhe, meglio se di grandi dimensioni (ad esempio da 60 ml.) con abbondante scorta di aghi perché con l'uso tendono ad otturarsi. L'antitarlo contiene in proporzioni variabili diversi tipi di solventi che hanno lo scopo di "allungare" il principio attivo favorendone la penetrazione nel legno. Alcuni di questi solventi possono ammorbidire alcuni materiali plastici. Utilizzando siringhe in vetro non s'incorrerà nel fastidioso inconveniente di doverle sostituire continuamente a causa dell'ammorbidimento della guarnizione.

9) *Posso essere sicuro al 100% che i cosiddetti tarli del mobile non nidificano nei circuiti elettronici?*

Sono le pulci che nidificano dappertutto, non i tarli. I tarli nidificano dove la loro progenie troverà le condizioni ottimali per svilupparsi sino allo stadio adulto. Materiali plastici e ferrosi, quindi, non corrono alcun pericolo.

10)   *Ho molti libri, devo temere per loro?*

Prima di gridare "Al... tarlo!", è bene procedere ad una scrupolosa ispezione. I tarli comunemente detti "del mobile", in realtà appartengono a numerose specie, tutte con proprie caratteristiche alimentari e riproduttive. Alcuni di essi (gli **Anobius**, ad esempio), si nutrono di lignina, cellulosa ed emicellulosa, per questo, nei casi più gravi, attaccano anche la carta. Per poter determinare in che modo e su quali materiali intervenire, occorre sapere con quale specie abbiamo a che fare e sino a che punto è grave l'infestazione.

11)   *I gas e gli odori dei prodotti utilizzati per la disinfestazione possono dare fastidio, nuocere alla salute?*

Qualsiasi prodotto chimico esposto all'aria evapora in percentuali variabili rilasciando sostanze e aromi più o meno percepibili. Alcune persone hanno vere e proprie reazioni "allergiche", altre semplicemente non ne sopportano l'odore. Ad ogni modo, vi sono in commercio prodotti che rispondono alle nuove necessità di mercato: facilità d'uso, poco o nulla odore e bassa tossicità – caratteristiche indispensabili se si utilizzano in ambienti abitati e/o non sufficientemente areati. Tenga comunque presente che nonostante l'asciugatura dei prodotti e l'abbondante arieggiata, il "profumo" (a mio gusto buonissimo) della cera, resterà negli ambienti molto, molto a lungo.

12)   *Quale marca di cera consiglia?*

Per la manutenzione e la lucidatura in ambito domestico di mobili e parquet, consiglio la marca AMBRA, colorata marrone (circa 22 euro al litro).

Un tempo era in commercio la cera **Biowax**, prodotta da Sinopia con sede a Torino. È la cera con cui mi sono trovato meglio in assoluto. Peccato, è fuori produzione.

13)   *Quale marca di antitarlo consiglia e quanto costa?*

Uno dei prodotti più idonei è **SINOTAR** (Sinopia), che oltre ad essere un ottimo antitarlo è anche fungicida residuale a forte azione penetrante. Non troppo tossico e del tutto inodore, può essere usato praticamente da chiunque con le giuste cautele (applicarlo a finestre aperte, per sicurezza, proteggendosi la pelle e gli occhi). Costa circa 10 euro al litro. Asciuga in fretta senza lasciare residui o aloni, non intacca la verniciatura dei mobili, non ci sono reazioni chimiche evidenti o significative, l'odore è più che sopportabile. È venduto in confezioni da 1, 5 e 25 litri. Unica nota dolente: la reperibilità. Come tutti i prodotti Sinopia (straordinari), non si trova nei negozi. L'acquisto tramite il sito dell'azienda di piccole quantità, pesa sul prezzo (o meglio, sull'ottimo rapporto qualità/prezzo). Il privato, non avendo ragione di acquistarne grandi quantitativi, alla fine potrebbe non trovarlo così conveniente.

Senza dubbio, il più efficace (velenoso) è lo **XYLAMON** che sino a qualche hanno fa conteneva praticamente solo principio attivo (scarsissimamente diluito, cioè, con petrolio o altri solventi): circa 20 euro al litro. È uno dei più impiegati in ambito professionale (lo usa la sovrintendenza alle belle arti). Pare che non sia più in vendita in Italia, ma lo si trova comodamente in Internet.

Un altro antitarlo che mi sento di consigliare è **PERMETAR**, un insetticida inodore pronto all'uso a base di permetrina caratterizzato da un'elevatissima concentrazione di principio attivo superiore a qualsiasi altro prodotto in commercio (dichiara uno dei migliori venditori on-line di prodotti per il restauro, antichitabelsito.it). Con un'elevata capacità abbattente e un ottimo potere residuale, è un prodotto antitarlo specifico per la disinfestazione di tutti gli insetti xilofagi (tarlo, capricorno, sirex, lyctus) Prezzo: circa 10 euro al litro.

Come vedi il più caro è lo **Xylamon**, ma è anche il più difficile da maneggiare in ambito domestico. Con lui occorre utilizzare tutte le precauzioni possibili: guanti per acidi, maschera con filtri, occhiali protettivi, abiti da lavoro da gettare dopo l'uso, lavorare con le finestre aperte, meglio all'esterno, ecc. Lo Xylamon passa attraverso la pelle ed entra immediatamente in circolo nel sangue - con lui non si scherza. A trattamento concluso, consiglio di non soggiornare ove lo si è utilizzato, men che mai dormirci! In linea di massima, essendo composto da una così alta percentuale di principio attivo, non intacca le vernici (nemmeno le più delicate, quelle ad alcol, per intenderci), tuttavia è sempre buona norma fare delle piccole prove per esserne sicuri al 100%. Ha una straordinaria capacità penetrativa, ma perché possa uccidere ogni insetto allo stadio larvale o adulto, occorre che raggiunga il legno in profondità il che, se non si può sverniciare il manufatto e imbibirlo ripetutamente da ogni lato, si ottiene soltanto iniettando il prodotto moltissime volte dentro i buchi, le gallerie, le fessure e le giunzioni. Rispetto agli altri prodotti, garantisce una protezione del legno considerevole, assai prolungata - anni.

Per tutti i prodotti che ho segnalato, in caso di legno grezzo o con parecchi buchi, gallerie e fessure, occorre calcolare al metro quadro un consumo superiore almeno di 1/3 rispetto a quello dichiarato sulle confezioni.

14) ***Ho scoperto che il mio soffitto a cassettoni è pieno di tarli. Data l'altezza della stanza, non è per me agevole intervenire. Come faccio?***

Con i metodi tradizionali, ovvero iniettando, spennellando o spruzzando un potente antitarlo a grandissima capacità penetrativa, deve procurarsi un ponteggio ed eventualmente un compressore. Un intervento di questo tipo è molto impegnativo, implica lo sgombero o almeno la copertura totale di mobili e pavimenti, nonché la protezione delle pareti per evitare che gli schizzi o la nebulizzazione dell'antitarlo le impregni macchiandole, causando impermeabilizzazioni incompatibili con eventuali, successive tinteggiature. Meglio affidare la disinfestazione ad un artigiano di fiducia, specializzato e straordinariamente accorto, scrupoloso. In alternativa, può rivolgersi ad una delle aziende che adottano il sistema a microonde. Questo metodo è molto rapido e capillare, tuttavia è inutile sterminare l'intera colonia di tarli se poi non si effettua un energico trattamento protettivo/conservativo del legno. Tale trattamento implica in ogni caso un intervento diretto, manuale: a pennello e/o a spruzzo, con impregnanti antitarlo, cere, vernici lucide, satinate o ad effetto cerato, secondo il gusto e le necessità. Perciò, se vuole avere la sicurezza di sterminare tutti gli insetti preservando il legno da altri attacchi a breve termine, le consiglio di procedere con il trattamento a microonde, subito seguito da un trattamento protettivo/conservativo del legno.

15) ***Cos'è il trattamento a microonde?***

È una tecnologia che colpisce i tarli senza l'impiego di sostanze chimiche. Il trattamento uccide qualsiasi specie di tarlo, ad ogni stadio del suo sviluppo (uovo, larva, pupa, insetto adulto), agisce inoltre su qualsiasi altro microrganismo (muffe, batteri, funghi ligninolitici e cellolosolitici) presente nel legno, nella carta e nella stoffa. Gli insetti xilofagi (i tarli), non sopportano le alte temperature. I tarli muoiono a causa delle microonde che penetrando in profondità nel legno lo riscaldano sino a causarne la morte per ipertermia (a circa 70°). Le microonde generano il riscaldamento all'interno creando un gradiente di temperatura che si propaga verso l'esterno, evitando in questo modo che vi sia un riscaldamento della superficie a contatto con la sorgente irradiante. L'intervento è rapido, pulito ed eseguibile su tutte le strutture in legno inamovibili (soffitti a travicelli, parquet, infissi, etc.). Non occorre lasciare l'abitazione e al termine del trattamento i locali possono essere immediatamente riutilizzati.

16) *Il trattamento a microonde si può eseguire anche su mobili e oggetti in legno?*

Le aziende che lo eseguono sostengono che non compromette in alcun modo l'integrità del legno, ciò è probabilmente vero, ma non parlano delle ripercussioni sulla struttura nel suo complesso. Il legno è molto sensibile all'umidità e agli sbalzi di temperatura che ne determinano l'ingrossamento o il restringimento - è logico quindi supporre che, in caso di riscaldamento, una qualche conseguenza, magari non evidente ad occhio nudo e forse non permanente, debba esservi. Personalmente lo sconsiglierei su mobili e oggetti lignei, in modo particolare se aventi elevati livelli di umidità. Ogni minima variazione del volume del legno, infatti (nella fattispecie il restringimento a causa del calore che farebbe evaporare l'umidità), può agire negativamente non solo sui punti più delicati della struttura, gli incastri, dando inizio ad un loro parziale scollamento, ma anche sulla verniciatura creandovi microfratture. In caso l'infestazione non sia grave, eviterei.

17) *Ho eseguito il trattamento antitarlo su un mobile verniciato a gommalacca. Qual è il metodo e il prodotto più indicato per chiudere i buchi lasciati dai tarli prima di procedere alla lucidatura?*

La cera in bastoncini colorati o, in alternativa, lo stucco, anch'esso colorato. Entrambi i sistemi, però, richiedono una certa pratica che permette: 1) di riempire i buchi in profondità chiudendoli perfettamente senza lasciare incavi o montagnette; 2) di rimuovere il prodotto eccedente senza danneggiare la lucidatura.

In caso di trattamenti casalinghi eseguiti da persone inesperte, consiglio di utilizzare la cera d'api. Asciugando calerà nel buco, allora sarà necessario ripetere l'operazione sin quando i fori ne saranno pieni. Per rifinire la stuccatura a cera d'api, ci aiuteremo con una piccola spatola in modo da livellarla. Quando anche l'ultimo intervento sarà terminato e la cera sarà ben indurita, ne stenderemo un velo leggero su tutta la superficie. Una volta asciutta, lucideremo con un panno di lana.

18) *Dopo aver sverniciato un comò mi sono reso conto che i danni dei tarli erano peggiori di quello che mi aspettavo. In certi i punti il legno è diventato friabile, fragilissimo. Cosa posso fare?*

Se non puoi o non vuoi sostituire il legno danneggiato, devi consolidarlo. Il consolidamento generalmente si effettua con resine acriliche, una di queste è il **Paraloid B72**. Si trova in commercio pronto all'uso o sotto forma di granuli: è una resina che va sciolta in solventi quali l'alcool a 99°, il diluente alla nitro, l'acetone, ecc. Il "Paraloid B82" che ha caratteristiche simili, è solubile in una soluzione di acqua ed alcool. Più il solvente è a rapida evaporazione, più velocemente il consolidante asciuga indurendosi. Più rapidamente asciuga, meno in profondità arriva, per questo consiglio di diluirlo in alcool (con cui forma una soluzione lattiginosa, ma il film che si forma è trasparente come con gli altri solventi) o, al massimo, con diluente alla nitro. In alternativa scegli il B82. Il consolidamento può essere eseguito per immersione, per spennellatura o siringatura. Si opera a più riprese, aumentando progressivamente la concentrazione della resina nel solvente. Si comincia con una soluzione al 5-10% sino ad arrivare ad un massimo del 20% facendo attenzione a non esagerare perché la resina, indurendosi, potrebbe spaccare il legno. Ricorda, inoltre, che il legname trattato con il "Paraloid" non può più essere imbibito con altre sostanze quali, ad esempio, l'antitarlo o il mordente, perciò, colorazioni e trattamenti disinfestanti dovranno essere effettuati prima del consolidamento.

19) ***Quali tipi di antitarlo esistono?***

Di tutti i tipi:

- Concentrati per uso esclusivamente professionale, da diluire secondo le necessità.
- In soluzioni pronte all'uso, da applicare per iniezione, a pennello o a spruzzo.
- In aerosol, muniti di beccuccio per la distribuzione del prodotto nei fori dei tarli.
- In spray lucidanti contenenti prodotto insetticida e cere.
- In cere più o meno dure contenenti il principio attivo insetticida.
- In soluzioni liquide per apparecchi fumigatori (tra tutti i termonebbiogeni).
- In gas per fumigazioni nell'ambiente senza l'utilizzo di apparati meccanici.
- In bombole autosvuotanti in cui è contenuto il gas sotto pressione.
- In candelotti che emanano il principio attivo mediante combustione.
- In composti fumiganti che erogano il prodotto tramite reazione con l'acqua (idroreazione).
- In soluzione acquosa, oleosa o a solvente.

20) ***Ho ereditato una camera da letto completa (letto, comodini, armadio, cassettiera, poltroncine, petineuse) fine '800, ma quando l'ho smontata per portarla a casa ho scoperto che è tarlata. Farla restaurare mi costerebbe un***

occhio della testa, oltretutto non è messa così male da giustificare un intervento radicale. Cosa posso fare?

Consiglio il trattamento con gas tossici o anidride carbonica (CO2), per fumigazione, in camere stagne. I gas presentano due enormi vantaggi rispetto alle normali applicazioni con insetticidi allo stato liquido: maggior efficacia e assenza di danni sui manufatti. Il gas raggiunge l'insetto all'interno del manufatto ovunque esso sia. La mortalità di ogni stadio vitale degli insetti, a qualsiasi profondità della superficie, è totale. I gas usati per la lotta contro i tarli non bagnano, non ungono e non reagiscono con i componenti del legno e perciò, alla fine del trattamento, non rimane traccia del gas e il manufatto mantiene inalterate le sue caratteristiche. Naturalmente, questo intervento dev'essere eseguito da ditte specializzate e... non è gratis.

21) *Ho scoperto che l'enorme libreria che occupa una stanza intera e moltissimi dei libri che custodisce, hanno i tarli! Mica posso smontare tutto! Cosa mi consiglia?*

Il trattamento con gas o anidride carbonica (CO2), per fumigazione, eseguito in ambienti. Data la pericolosità dell'intervento, dovrà rivolgersi a ditte altamente specializzate, qualificate, autorizzate ad utilizzare miscele gassose insetticide, attrezzate per la perfetta sigillatura della stanza e la successiva aerazione per la completa eliminazione dei residui. Dopo, però, dovrà comunque fare un trattamento preventivo/conservativo alla libreria.

22) *Mi hanno parlato di un antitarlo fumigante per uso non professionale, il Dobol®. Le risulta che sia efficace?*

È un prodotto a fumigazione idroreattiva di facile utilizzo che può essere applicato in ambito domestico con relativa tranquillità. Il **Dobol®** (Vikem-Kwidza, azienda austro-francese), a base di **Cifenotrina** (**piretroide** di terza generazione), è specifico contro mosche, aracnidi e acari. In effetti, alcuni rivenditori lo commercializzano segnalandone l'efficacia anche contro i tarli (o più genericamente "contro gli insetti del legno"), ma in nessuna scheda riguardante il prodotto ho letto riferimenti specifici a tali insetti, né ho trovato nella composizione chimica dichiarata sugli stessi, i principi attivi efficaci a colpirli, perciò, in base alle mie conoscenze, non penso che lo si possa usare come antitarlo in senso stretto - è piuttosto un interessante insetticida generico.

23) *Per eliminare i tarli come il "Capricorno" dalle travi in castagno a vista nel mio garage, mi è stato consigliato di spalmare con un pennello della calce viva liquida. Vi risulta che sia un trattamento efficace?*

La **calce "viva",** è utilizzata nei seguenti casi:

- per ridurre l'acidità dell'acqua nel trattamento della stessa;
- per rimuovere i fosfati ed altre impurità e per desolforizzare i gas di scarico nella depurazione;
- per dissolvere le fibre di legno nella fabbricazione della carta;
- come candeggiante e sbiancante;
- per disinfettare gli ambienti;
- per correggere i terreni acidi in agricoltura;
- in chimica per purificare l'acido citrico ed il glucosio, come essiccante e assorbitore di anidride carbonica;
- per la stabilizzazione delle terre argillose nei sottofondi stradali e nei rilevati stradali.

La **calce "spenta",** è utilizzata nei seguenti casi:

- come materiale da costruzione unita alla sabbia di fiume;
- come rivestimento murale utilizzato sia in interni che in esterni;
- mescolato al cemento per produrre una malta plastica adatta per gli intonaci;
- nella concia delle pelli;
- nell'industria petrolchimica per produrre additivi per lubrificanti;
- per la produzione dello stereato di calcio;
- per la neutralizzazione e l'assorbimento di inquinanti;
- per il trattamento dell'acqua usata nell'industria alimentare;
- per correggere l'acidità dei terreni;
- in agricoltura, unita al solfato di rame, come anticrittogamico;
- nell'industria farmaceutica per preparare sali di calcio e magnesio;
- in odontoiatria come medicamento nei sottofondi e nell'endodonzia;
- in campo artistico, nell'imprimitura di tavole di legno e tele, mescolata alla colla.

La calce, particolarmente quella "viva", presenta una forte alcalinità e causticità. L'ossido anidro può provocare gravi ustioni alla pelle ed ha effetti simili alla soda caustica, perciò agisce contro qualsiasi microrganismo, anche patogeno, ed ogni materiale biologico. Non a caso è ampiamente utilizzata nel trattamento delle salme qualora le si debba inumare nella nuda terra, quando non si può procedere con la cremazione o altre tecniche di sepoltura.

La calce, quindi, è un discreto disinfettante, ma non uno straordinario insetticida - non in senso stretto, almeno, e non per le caratteristiche che questo deve avere per poter essere classificato e utilizzato come tale! Ciò è ancora più vero se con essa s'intende debellare un'infestazione di quegli insetti che il prodotto non può fisicamente raggiungere uccidendoli. Mi riferisco ovviamente ai tarli, i quali, come sappiamo, nidificano o vivono in profondità variabili all'interno del legno. La calce non ha il potere penetrativo di un impregnante antitarlo, e nemmeno è un gas. Al massimo, la si può usare come antisettico, appunto, anche se l'utilizzo ai fini della disinfestazione, del restauro e della conservazione del legno è del tutto improprio, inutile e persino dannoso poiché, data la sua acidità e corrosività, può danneggiare la superficie delle strutture lignee ed è perciò assolutamente sconsigliabile utilizzarla su manufatti di un certo pregio o il cui aspetto debba rimanere inalterato.

24) *Da mesi combatto contro dei piccoli insetti biancastri che, a quanto pare, si chiamano psocotteri. Vorrei saperne di più e, soprattutto, vorrei capire come posso fare per liberarmene...*

Queste "care" bestiole non sono tarli, tuttavia vivono anche nel legno - umido e meglio se ammuffito. Comunemente si trovano in gran numero sotto le pietre, ma li si può trovare pure nelle abitazioni, come parassiti. Vivono riparati nel terreno, sotto le cortecce degli alberi, nelle biblioteche (attaccano i materiali cartacei, i libri e i manoscritti antichi), nelle imbottiture e nei mobili, nelle collezioni botaniche o zoologiche, nelle farine alimentari e nei loro derivati. Sono fitofagi, si nutrono di materiali di origine animale o vegetale, funghi, alghe, licheni. A volte infestano silos di cereali, possono essere dannosi sia per le lesioni prodotte, sia perché vettori di microrganismi patogeni, responsabili di dermatiti allergiche.

Detti anche **Corrodentia** o **Copeognatha**, sono un ordine di insetti di piccole dimensioni (1 millimetro o poco più). Hanno livree di colori generalmente smorti o variegati, spesso atteri, con esoscheletro poco consistente. L'ordine comprende circa 3.800 specie (100 in Italia), ripartite in tre sottordini: Trogiomorpha, Troctomorpha e Psocomorpha.

Contro di essi, si devono adottare due strategie, di cui la prima è fondamentale, anche dal punto di vista della prevenzione: il controllo dell'umidità attraverso un comune deumidificatore ed aerando il più possibile gli ambienti. Ridotta l'umidità ambientale sotto il 50%, bonificate tutte le zone umide circoscritte e risanatele dalle infestazioni di muffa. Utilizzando un aspirapolvere degno di questo nome, si deve procedere ad una capillare, potente aspirazione degli anfratti in cui gli psocotteri vivono e si riproducono: gli angoli, le crepe, i cassetti, dietro gli scaffali, sotto, sopra, dentro e dietro i mobili, dietro i battiscopa, nei telai dei serramenti, nei pressi dei raccordi dell'acqua, nella carta da parati, nelle intercapedini, ecc. È inoltre necessario eliminare fiori secchi, piante e qualsiasi altra suppellettile che possa ricreare le condizioni ottimali al loro sviluppo. Ciò fatto, si ricorre ad un'energica disinfestazione con insetticidi a base di piretro spruzzati nei suddetti luoghi, avendo cura di non contaminare alimenti e bevande che in ogni caso, successivamente, andranno protetti perché il principio attivo è persistente e altamente tossico. Durante il trattamento proteggere gli occhi e la pelle, non respirare il gas, non soggiornare nell'ambiente. Lasciare agire e asciugare, poi aerare abbondantemente, quindi sigillare crepe, fessure e quant'altro per impedire agli insetti di tornarvi. In alternativa agli insetticidi spray, e in caso l'infestazione sia davvero grave, si può provare con un prodotto a fumigazione idroreattiva di facile utilizzo applicabile in ambito domestico con relativa tranquillità, il Dobol®, a base di **Cifenotrina** (**piretroide** di terza generazione), specifico contro mosche, aracnidi e acari. Si può anche tentare di risolvere il problema senza utilizzare insetticidi, limitandosi alla deumidificazione, all'aspirazione e al trattamento antimuffa, ma l'uso del veleno aiuta ad eliminare l'infestazione ove non sia possibile intervenire con questi soli mezzi.

Contro la muffa, oltre alla deumidificazione dell'ambiente e l'asciugatura dei manufatti, è in commercio un prodotto a mio avviso portentoso: si chiama "Muffa Stop". È un detergente a base di cloro attivo concentrato, che elimina, combatte e previene, la formazione e la crescita di muffe, alghe e muschi, in modo estremamente efficace e in pochi minuti. È pronto all'uso e 1 litro costa circa 15 euro.

Si proceda in questo modo:

• asportare manualmente quanta più muffa possibile aiutandosi con una spazzola d'acciaio, una spugna abrasiva o quant'altro;
• nebulizzare abbondantemente l'antimuffa sulla colonia di microrganismi;
• lasciare agire per almeno 10/15 minuti;
• se necessario ripetere l'operazione;
• quando asciutto e se non vi sarà più traccia di muffa, pulire con un panno o una spugna inumidita, quindi lasciare asciugare perfettamente.

Anche in questo caso è necessario proteggersi la pelle e gli occhi, soprattutto non si deve inalare il prodotto. Un'ultima avvertenza: occorre impedire alla soluzione di colare sulle pareti in quanto agisce sulle pitture corrodendole, scavando dei veri e propri solchi che ritinteggiando diverrebbero evidenti. Per evitare questo inconveniente, basta far agire il prodotto solo dove necessario, asciugando le zone circostanti subito dopo la nebulizzazione.

25) *Ho bonificato la casa dalla muffa e da Giugno, con il caldo, non ho più visto psocotteri in giro. Adesso, però, sono molto preoccupata per i miei libri e, non avendo usato l'insetticida, temo che con l'arrivo della cattiva stagione mi ritroverò punto e a capo...*

Non sono le alte temperature ad uccidere gli psocotteri, ma il basso livello di umidità (al di sotto del 50%) che li priva delle condizioni di vita ottimali. Sono spariti a Giugno perché il caldo lo ha abbassato e poi avevi già precedentemente eliminato le fonti alimentari necessarie al loro sostentamento (in primis, la muffa). Sono insetti (più propriamente, parassiti - in un certo senso simili agli acari, per intenderci) fitofagi, si nutrono di materiali organici di origine animale (anche pelle morta, forfora, ad esempio) o vegetale (tra cui funghi, alghe, licheni). Non mangiano il legno (non sono tarli!), ma se marcisce ricoprendosi di microrganismi a causa dell'umidità che lo deteriora, questo diventa un banchetto pieno di leccornie! Ciò vale anche per i libri. Inoltre, gli psocotteri prosperano nella polvere la quale non è altro che materia organica animale e vegetale. Teoricamente, tenendo asciutto e pulito l'ambiente, il problema non dovrebbe ripresentarsi. Per tenere asciutto un ambiente (o almeno per limitare la condensa che vi si viene a creare in inverno, specie se esposto a nord, se si hanno infissi in alluminio o privi di spifferi), oltre all'uso del deumidificatore, consiglio l'installazione di aeratori da finestra (un aeratore del diametro di 20 centimetri copre poco più di due metri quadrati di superficie) - ve ne sono di regolabili, con apertura e chiusura manuale, trasparenti (quindi non orribili a vedersi) e con retina per non far entrare altri insetti. Per quanto riguarda i libri non mi preoccuperei troppo: se non sono umidi e se ispezionandoli non vi trovi bestiole (minuscoli insettini rossastri o altro), tutto bene - altrimenti, compra dei sacchi di nylon grandi (quelli neri per la spazzatura), mettili dentro, spruzza un buon insetticida a base di piretro, chiudi ermeticamente (creando una camera a gas) e lasciali lì per qualche giorno. Poi gli fai prendere una bella arieggiata lasciandoli all'aperto lungamente (non sotto il sole!), quindi li rimetti al suo posto. Anche in questo caso la disinfestazione dovrebbe andare a buon fine.

26) *Perché dopo il trattamento dei libri con l'insetticida non devo esporli al sole?*

I libri (ma la stessa cosa vale anche per i dipinti, i mobili e quant'altro), temono l'irradiazione solare diretta, specie se umidi! L'evaporazione dell'umidità non graduale dovuta all'esposizione solare diretta che ne innalza la temperatura anche di parecchi gradi e in modo rapidissimo, causa nei materiali cartacei, nei tessuti, nella pelle, nel cuoio e nei legnami, anche vistosi restringimenti e deformazioni. Nei mobili si possono creare crepe, microfratture della verniciatura, parziali scollamenti, le tavole possono irreversibilmente imbarcarsi. Nei libri, le pagine si "accartocciano" e le microfratture colpiscono i materiali e i collanti con i quali sono rilegati. Ciò è dannoso sia per i libri antichi, sia per quelli recenti che hanno l'aggravante di essere realizzati con materiali scadentissimi. La qualità della cellulosa, infatti, è estremamente deperibile, molto più di una volta! Altro problema causato dalla luce diretta del sole è che influisce sui colori, sbiadendoli. Per questi ed altri motivi, le pinacoteche, i musei e le biblioteche che custodiscono libri di pregio, sono tenute in penombra, adottano fonti di luce particolari e mirate, strumenti che equilibrano il livello di umidità e la temperatura, e spesso hanno tendaggi alle finestre con i quali impediscono al sole di inondare le stanze o colpire direttamente le opere esposte.

Ho consigliato di far prendere aria ai libri trattati con il piretro per affrettarne l'asciugatura e disperderne il principio attivo prima di riporli. Una precauzione in più, come lavarsi le mani, non metterle in bocca dopo averli manipolati e non masticarne le pagine.

27) *Perché, se i prodotti antitarlo riportano sulla confezione la dicitura "atossico", consiglia di utilizzarli con tanta prudenza? Esagera Lei o mentono loro?*

Entrambe le cose. La reazione dell'organismo a qualsiasi sostanza (chimica e naturale, indifferentemente) è soggettiva - affermare che un prodotto non abbia conseguenze e controindicazioni, non è una verità assoluta. Di norma, quindi, non si finisce all'ospedale usando questi prodotti, ma sempre di sostanze chimiche contenenti solventi e veleni si tratta, perciò, adottare un minimo di precauzioni e cautele è comunque consigliabile. Si chiama "buon senso".

28) *A causa di un'ingiunzione abbiamo dovuto tagliare alcune grandi conifere del nostro giardino. Il motivo dell'abbattimento era un'infestazione di certi tarli asiatici ritenuti particolarmente dannosi. Le piante abbattute sono rimaste in giardino ed ora abbiamo la casa piena di questi strani insetti che nessuno pare conoscere. Devo temere per i miei mobili? Allego una foto nella speranza che possa dirmi di quale specie si tratta e le chiedo consiglio.*

Si tratta del **Leptoglossus Occidentalis**, conosciuto con il nome di "cimicione americano", "cimice delle conifere", "cimice dei pini" o "cimice dei semi americana". È un insetto fitofago della famiglia dei Coreidi (Rhynchota Heteroptera) ed è originario degli Stati Uniti occidentali (California, Oregon e Nevada), niente a che vedere con fantomatici quanto improbabili tarli asiatici!

Il Leptoglossus occidentalis si nutre della ninfa del pistacchio e delle conifere (Pino Strobo, Pino Nero, Peccio, Abete di Douglas, ecc.), perforando le squame delle pigne e succhiandone i semi. Le punture degli stiletti dell'insetto causano durante la fioritura l'aborto delle parti colpite, oppure l'avvizzimento dei tessuti danneggiati.

Attraversa 5 età giovanili, distinguibili per le variazioni cromatiche che assumono: da giallo-arancio a bruno-rossiccio. Gli adulti sono lunghi da 10 a 20 mm, le femmine possono raggiungere dimensioni maggiori. Presentano un motivo a zig-zag di colore chiaro sulle ali anteriori; sulla parte dorsale dell'addome è presente un caratteristico motivo giallo e nero, distinguibile solamente durante il volo. Le zampe sono lunghe, in particolare le posteriori hanno due espansioni fogliari, dalle quali deriva il nome volgare americano di "leaf-footed bug" (cimice dalle zampe a foglia). Dopo l'accoppiamento, le femmine depongono le uova, perlopiù in fila sugli aghi. Le uova sono di color giallo-arancio e si scuriscono man mano che si avvicinano alla schiusa. Un singolo ago può contenere fino a 70 uova. Dopo una decina di giorni dalla deposizione, si ha la schiusa e le giovani cimici continuano ad alimentarsi sulle gemme dell'ospite.

Questo insetto è comparso in Italia intorno al 1999, probabilmente giunto con il legname proveniente dalle aree geografiche d'origine. I primi esemplari sono stati avvistati in Lombardia e Veneto, ma oggi è uniformemente diffuso in tutte le regioni settentrionali, in Umbria, Sicilia e Sardegna. La sua comparsa e repentina diffusione, la scarsa conoscenza delle sue caratteristiche ed abitudini che lo portano a stretto contatto con l'uomo, hanno creato un inutile quanto immotivato allarmismo. In effetti, persino nelle aree maggiormente colpite dove è presente da più tempo, le autorità competenti sono ancora scarsamente o nulla informate inducendo chi si rivolge loro a dargli la caccia con qualunque mezzo, anche inappropriato o sproporzionato.

Lo si trova in ambiente urbano perché cerca riparo dal freddo anche all'interno degli edifici, nelle abitazioni, dove cade in uno stato di torpore fino alla primavera successiva quando abbandona i ricoveri invernali per dirigersi sulle piante ospiti e ricominciare il ciclo biologico. In autunno, è attratto dalle pareti esposte a sud e dopo il tramonto si rifugia nelle crepe e nelle case. I luoghi di svernamento sono le cortecce, gli anfratti naturali, le tane dei roditori, i nidi di uccelli, le fessure e le crepe attorno alle porte e alle finestre in cui si possono formare anche grandi quantità di insetti aggregati.

Il Leptoglossus Occidentalis è inoffensivo, non punge e non è vettore di agenti patogeni, pertanto non reca danno alle persone o agli animali domestici, non riesce neppure a riprodursi all'interno degli edifici poiché per nutrirsi e depositare le uova ha bisogno delle piante. L'unico inconveniente, peraltro non sempre percepibile, è che se toccati o molestati, gli esemplari adulti possono emettere un forte odore di banana.

La veloce naturalizzazione e diffusione del Leptoglossus Occidentalis in Italia, probabilmente avrà ripercussioni negative sulla produzione di seme nei boschi di conifere e potrà creare ulteriori fastidi alle persone per la propensione a invadere le case, i giardini e gli alberi ornamentali, anche vicini alle abitazioni, ma niente di così grave, devastante, da richiedere l'abbattimento delle piante colpite e l'uso di prodotti chimici sulla cui efficacia, peraltro, non vi sono certezze.

Si stanno adottando diverse forme di disinfestazione, alcune sperimentali, tra cui l'utilizzo di trappole ai ferormoni o l'aggregazione con altri insetti quali, ad esempio, il dittero Tachinide Trichopoda Pennipes che è un parassitoide della cimice verde Nezara Viridula. Questo parassitoide, in America risulta essere particolarmente attivo nel controllo anche del Leptoglossus Occidentalis. Nei boschi del Veneto è stato ripetutamente rinvenuto un agente di limitazione biologica della cimice: si tratta di una microscopica vespa parassita che svolge tutto il suo sviluppo all'interno di un uovo della cimice, causandone la morte. Questo parassitoide è stato identificato come Anastatus bifasciatus, una specie ampiamente diffusa nel territorio italiano dove sfrutta uova di molti insetti. Esso potrebbe contribuire in modo naturale al contenimento della diffusione e dei fastidi causati dal nuovo arrivato.

L'utilizzo di insetticidi all'interno delle abitazioni non è consigliato. Se non si vuole ospitare il Leptoglossus Occidentalis durante l'inverno (ricordo che non è pericoloso e non danneggia il legno in opera), basta sigillare le fessure di porte e finestre dotando le stesse di zanzariere per impedirgli di entrare.

Adesso che sapete abbastanza di lui, non vi resta che: 1) decidere se ospitarlo; 2) rileggere attentamente l'ingiunzione attraverso la quale siete stati obbligati a tagliare i vostri alberi - perfettamente sani. Se la minacciosa infestazione era attribuita al povero Leptoglossus Occidentalis, qualsiasi pretesa era immotivata e ingenuamente avete favorito un abuso. In tal caso mi rivolgerei ad un avvocato, pretenderei un congruo risarcimento e pianterei altre piante... a spese di chi vi ha tratti in inganno!

29) *Dopo aver sverniciato un mobile l'ho trattato con un antitarlo della Fidea, tale "Terminator", ho aspettato che asciugasse, quindi ho proceduto alla lucidatura con gommalacca e... sono comparse numerose macchie biancastre che in parte ho eliminato strofinandole energicamente con la lana d'acciaio. La cosa strana è che persino nei giorni seguenti alla finitura a cera, la misteriosa infiorescenza è proseguita. Perché?*

Ho il fondato sospetto che la causa di questo irritante inconveniente sia da attribuirsi all'antitarlo in quanto, se il problema fosse dovuto allo sbiancamento della gommalacca stesa in ambiente umido e/o freddo, il danno non sarebbe così limitato, localizzato e, una volta asciutta, non ci sarebbero ulteriori "apparizioni". È probabile che il prodotto utilizzato non fosse completamente asciutto e nel tempo, anche a distanza di giorni e persino dopo aver completato il restauro, abbia reagito chimicamente con le vernici che gli impedivano di evaporare. A me è capitato sia con **"Terminator"**, sia con **"Mitos"** di Veleca. Ho atteso che entrambi asciugassero nei tempi indicati sulle confezioni, ma le macchie sono apparse dopo aver steso la gommalacca e, in altre due occasioni, dopo l'applicazione di un turapori e un consolidante alla nitro. Ne deduco che i tempi di asciugatura di questi insetticidi siano assai superiori. Anch'io ho "cancellato" parzialmente l'infiorescenza spagliettando o carteggiando le zone colpite, tuttavia, il rimedio mi è parso piuttosto deludente. Ho notato che le macchie erano più estese e numerose nelle zone dove avevo maggiormente imbibito il legno a causa dell'infestazione: fregi, gambi, cornici - un disastro perché non è possibile raggiungere efficacemente gli angoli più piccoli o nascosti senza far danni alla lucidatura, perciò alcune non possono essere rimosse. Con altri antitarlo, tipo **"Lignum AT"** e **"Sinotar"**, non ho mai avuto problemi di questo tipo, ma siccome non li si trova facilmente, nei casi citati ho dovuto accontentarmi. Un errore che cercherò di non ripetere.

30) *Volevo dare una pulita ai miei mobili, così ho acquistato una cera che a detta del rivenditore è tra le migliori per il restauro, ma sono delusa perché ho avuto difficoltà sia a stenderla che a lucidarla, in alcuni punti non sono nemmeno riuscita a rimuoverla completamente. Ho sbagliato io qualcosa o è la cera che fa schifo?*

Spesso, le cere ritenute migliori sono le più dure (poco o nulla cremose). Anziché stenderne un velo sottilissimo, il neofita tende ad esagerare con il risultato che poi non riesce a procedere nella lucidatura rimuovendo l'eccesso di prodotto. È proprio per questo che consiglio di utilizzare cere meno pregiate a chi ne fa un uso casalingo. Comunque...

- Quando la cera è troppo dura, la si può "ammorbidire" un po' con essenza di trementina, a freddo o a caldo, cioè intiepidendo la cera o l'essenza di trementina a bagnomaria, <u>in un pentolino scaldacolla</u>, <u>preferibilmente utilizzando un fornello elettrico</u> (attenzione: la cera e l'essenza di trementina sono molto infiammabili, questa operazione richiede grande prudenza e gli strumenti adatti!!!).
- Un altro metodo per stenderla con relativa facilità, è servirsi di un panno o un tampone di cotone riscaldato (<u>caldo, non bollente</u>).
- Anche la temperatura ambientale è molto importante: non dovrebbe essere inferiore a 17/18 gradi, meglio se intorno ai 20 e oltre.
- Un eccesso di cera ormai asciutta e indurita, si rimuove con un panno o, nei casi più difficili, con un batuffolo di lana d'acciaio fine (<u>movimenti delicati, circolari</u>) imbevuto di essenza di trementina.

- Per lucidare ci si può aiutare utilizzando anche una spazzola (particolarmente utile per raggiungere gli angoli di fregi, decorazioni, intagli, ecc.), ma occorre stare attenti perché se la setola non è adatta potrebbe graffiare lievemente la verniciatura sottostante, inoltre, se usata con troppa veemenza, si corre il rischio di ammaccare il mobile colpendolo con il legno dell'impugnatura.
- Un altro metodo per lucidarla con relativa facilità, è servirsi di un panno di lana riscaldato (<u>caldo, non bollente</u>).
- Il panno di lana deve essere mantenuto pulito, sostituito spesso o almeno ogni volta che la cera lo ha sporcato troppo.

In ultimo...

La cera non dovrebbe essere applicata su superfici sporche. Essa nutre, ravviva, protegge, lucida, ma non è un "detergente"! Prima di lucidare un mobile lo si dovrebbe accuratamente pulire soprattutto dai residui dei prodotti con cui lo si è trattato. Essi (in modo particolare in caso di olio di lino, cere liquide, ecc.) s'impastano con la polvere accumulandosi (incrostandosi) soprattutto negli angoli inaccessibili. Una buona e facile pulizia del manufatto si ottiene frizionando delicatamente, con movimenti circolari, senza esercitare troppa pressione e senza insistere troppo a lungo negli stessi punti, con uno straccio o un tampone imbevuto di essenza di trementina. Si agisce pulendo piccole zone per volta e rimuovendo subito con un panno di cotone asciutto l'essenza di trementina in eccesso. La superficie non dev'essere bagnata e strofinata come se usassimo acqua e sapone - questa sostanza, per quanto delicata e compatibile con le lucidature a gommalacca e cera, è pur sempre un diluente! Perciò, dobbiamo agire salvaguardando l'integrità della vernice originale, procedendo gradualmente e assicurandoci che non vi siano reazioni indesiderabili.

In alternativa, ma con identica metodologia, per pulire efficacemente un mobile verniciato con la gommalacca conviene impiegare una soluzione (detta **triplice**, dal numero dei componenti) preparata con:

- Ml. 100 di trementina;
- Ml. 50 di alcool a 95°;
- Ml. 50 di olio paglierino.

<u>ATTENZIONE</u>: l'olio non è idrosolubile perciò tende a stare in sospensione. La soluzione deve essere continuamente mescolata prima di imbibire il panno di cotone da utilizzarsi per la pulitura delle superfici

31) *Ho trovato in cantina un vecchio cassettone di famiglia. Non mi sembra che necessiti di un restauro vero e proprio, ma è così sporco! Come faccio a pulirlo senza rovinarlo?*

Ho trovato in cantina un vecchio cassettone di famiglia. Non mi sembra che necessiti di un restauro vero e proprio, ma è così sporco! Come faccio a pulirlo senza rovinarlo?

Munirsi di un potente aspirapolvere e pennelli di setola dura in modo da poter raggiungere e rimuovere la polvere anche nei punti più nascosti. Successivamente, intervenire preservando l'integrità della vernice originale, procedendo gradatamente, all'inizio provando con solventi più blandi ed eventualmente passando a quelli più aggressivi. Mi raccomando: eseguire sempre delle prove in una parte poco in vista del mobile per verificare che il metodo applicato sia compatibile con la finitura.

Per pulire un mobile finito a cera, basta strofinarlo delicatamente, con movimenti circolari, senza esercitare troppa pressione e senza insistere troppo a lungo negli stessi punti, con uno straccio o un tampone di cotone imbevuto di essenza di trementina. Si agisce pulendo piccole zone per volta e rimuovendo subito l'essenza di trementina in eccesso con un panno asciutto. La superficie non dev'essere bagnata e sfregata come se usassimo acqua e sapone - questa sostanza, per quanto delicata, è pur sempre un diluente!

Per pulire un mobile finito a gommalacca senza correre rischi, si proceda come sopra, altrimenti si prepari una soluzione (detta triplice, dal numero dei componenti) composta da 100 ml di trementina, 50 ml di alcool a 95°, 50 ml di olio paglierino. Con la soluzione ottenuta si strofini uniformemente usando un tampone di cotone che dev'essere mantenuto pulito sostituendolo spesso. Diminuire progressivamente la pressione esercitata fino a raggiungere il risultato voluto. Nel caso di sporco tenace, si può aumentare leggermente la percentuale di alcool facendo però attenzione a non eccedere perché la vernice originale potrebbe rovinarsi irrimediabilmente. Terminata la pulitura, strofinare la superficie con un panno asciutto e pulito, stendere un velo leggero di cera d'api colorata, attendere che sia perfettamente asciutta e lucidare con un panno di lana.

32) ***Per proteggere e ravvivare le persiane in legno e i mobili di casa, mi hanno consigliato di spennellarli con l'olio. Che ne pensa e quale olio devo usare?***

Sono i vecchi rimedi della nonna - alla portata di tutti, veloci ed economici, un tempo ampiamente usati nel trattamento del legno. A parte l'uso moderato nella preparazione di soluzioni per il restauro, sono personalmente contraria all'utilizzo comune che ne è ancora fatto. Esistono prodotti e metodi che possono sostituirlo senza peraltro avere le sue controindicazioni.

Gli oli usati nel restauro, nel bricolage e nelle belle arti sono sostanzialmente tre: l'**olio di lino crudo**, l'**olio di lino cotto** e l'**olio paglierino**.

OLIO DI LINO CRUDO E COTTO

- Estratto dai semi di lino, quest'olio è simile all'olio di oliva che, in casi estremi ma non così infrequenti, era usato in sua sostituzione.
- L'olio di lino è composto da molecole le quali, riscaldate, tendono ad unirsi tra loro, ingrandendosi e allungandosi. In seguito a questo processo prendono il nome di polimeri.
- Quando l'olio di lino non subisce tale trasformazione, è definito crudo, quando, per effetto del riscaldamento polimerizza, è definito cotto. Col riscaldamento, subisce inoltre una ossidazione, diventa più denso e ha tempi di essiccazione minori.
- L'olio di lino crudo entra più in profondità nel legno perché le molecole sono ancora semplici, piccole. Penetrando nelle fibre del legno, per effetto del calore polimerizza andando ad occuparne e chiuderne i pori, rendendolo piuttosto impermeabile.

- L'olio di lino cotto, essendo in parte già polimerizzato, penetra con maggiore difficoltà nel legno creando una pellicola impermeabile sulla sua superficie. Questa, nel tempo si secca e perde compattezza, flessibilità. L'olio di lino cotto, essendo soggetto a seccarsi e rompersi, tende a sfogliarsi e distaccarsi, esattamente come avviene a certe scadenti vernici (flatting) in cui è utilizzato come legante. Non di meno era ed è ancora usato come impregnante (crudo, come fondo preparatorio per la lucidatura a gommalacca di mobili in legno dolce, poroso) o finitura (cotto, come protezione del legno o nel trattamento impermeabilizzante di pavimenti in "cotto"). L'olio di lino polimerizzato (cotto) può essere colorato con le terre e gli ossidi.
- L'olio di lino crudo asciuga molto lentamente e resta appiccicoso a lungo. L'olio di lino cotto, come abbiamo già detto, è più denso e asciuga un po' più in fretta, ma sempre dopo molto tempo.
- La maggior parte dei prodotti oggi etichettati "Olio di lino cotto" sono in realtà costituiti da una combinazione di olio di lino, solventi derivati dal petrolio ed essiccanti metallici. Sono disponibili alcuni prodotti che contengono esclusivamente olio di lino cotto mediante trattamento termico senza esposizione all'ossigeno. L'olio di lino cotto col solo trattamento termico è più denso e secca molto lentamente. Questi oli sono di solito commercializzati con la definizione "polimerizzato" o "stand-oil", sebbene alcuni possano essere semplicemente definiti "cotti".

OLIO PAGLIERINO

Si tratta di un olio di origine vegetale, chiamato paglierino per il colore giallo chiaro, la trasparenza. Nel restauro e nella manutenzione del legno, questi sono i suoi principali utilizzi:

- Costituisce, insieme ad alcool e trementina, la triplice soluzione con la quale si procede alla pulitura delle finiture a gommalacca.
- Nella lucidatura a gommalacca lubrifica il tampone permettendone un più facile scorrimento sul legno, ma occorre usarlo con parsimonia in quanto ostacola l'assorbimento della vernice e nel tempo ne riduce la brillantezza.
- Infine, è utilizzato per lubrificare la pietra per affilare gli scalpelli (se si vuole che sia meno abrasiva, altrimenti si usa l'acqua).

CONTROINDICAZIONI E AVVERTENZE

- Stracci di cotone imbevuti d'olio di lino esposti ai raggi solari, possono facilmente incendiarsi per autocombustione.

- Usare l'olio in esterno su persiane, finestre e porte già trattate a smalto o con vernici trasparenti, è una stupidata. Qualunque olio è uno straordinario amplificatore di calore, spennellarlo sulle vernici e sul legno esposto al sole è come frizionare una bruciatura con lo stesso - l'ustione si aggrava! L'olio utilizzato in esterno, riscaldandosi ben oltre la temperatura ambientale, frigge le superfici, le brucia rovinando la verniciatura sottostante.
- La lucentezza data dall'uso di qualunque olio, è di brevissima durata. Usarlo a questo scopo è quindi del tutto inutile.
- L'olio di lino tende a ingiallire.
- Poiché l'olio di lino asciuga molto lentamente e resta appiccicoso per lungo tempo, diventa una specie di adesivo su cui la polvere si deposita stratificandosi sino a creare una spessa pellicola di sporco molto tenace e diffuso. Spennellarlo sui mobili, specie quelli finiti a gommalacca che non possono assorbirlo, non ha alcun senso, serve solo a farli sembrare più vecchi e malandati.

Concludendo: i mobili si puliscono con essenza di trementina o con la Triplice soluzione e si lucidano con la cera d'api, le persiane con acqua e sapone, le si asciuga bene dopo averle lavate e, di tanto in tanto, le si rivernicia. Tutto qua.

33) *Ho deciso di restaurare il vecchio armadio impiallacciato anni '50 di mia madre ma, quando sono andato ad acquistare un antitarlo e ne ho trovato anche uno all'acqua (Gori 11) non ho saputo scegliere. Pensa che sia adatto?*

Assolutamente no! Qualsiasi soluzione acquosa (anche il mordente) può ammorbidire il collante causando sbollature e distacchi. Un mobile già nobilitato con l'impiallacciatura, non si dovrebbe mordenzare ma, se proprio non se ne può fare a meno, è meglio usare mordente all'acqua controllando e limitando l'imbibizione, o un impregnante sintetico. Oltretutto, l'uso di soluzioni acquose alza il "pelo" del legno compromettendone la levigatura acquisita grazie alle precedenti lavorazioni. Se il "pelo" si alza rendendo la superficie ruvida, si è costretti a "seccarlo" con un turapori alla gommalacca o alla nitrocellulosa per poterlo rimuovere tramite carteggiatura e/o spagliettatura. Tale intervento su un mobile mordenzato, espone al rischio di sciuparne la coloritura, specie sui bordi dove è difficile avere un controllo perfetto della pressione della mano.

Impregnanti e antitarlo all'acqua si usano su legni massello, preferibilmente duri. Per il trattamento e la coloritura, prima si spennella l'antitarlo, poi il mordente in modo che il primo non "muova" il secondo.

Gori 11 o 22, è adatto per il trattamento preventivo e curativo del legname grezzo o già lavorato, meglio evitare i mobili antichi. L'ho utilizzato su una vecchia travatura sabbiata - spennellandolo diventa schiumoso e quindi cola poco. Lo si trova in confezioni da 1, 5 e 25 litri ed ha un prezzo abbastanza ragionevole, circa 20 euro al litro, dipende dal quantitativo acquistato. Lo si può addizionare alle cere all'acqua, ma ovviamente non a quelle miscelate con essenza di trementina o additivi oleosi.

34) *Voglio effettuare il trattamento antitarlo ai travicelli della mia abitazione, ma leggendo i suoi consigli ho scoperto che devo proteggere il muro. Userò un prodotto incolore e all'acqua, è ugualmente necessario? E come posso fare?*

Il trattamento dei travicelli (antitarlo, cere, ecc.) e delle mezzane (fissativi), implica SEMPRE lo sgombero o almeno la copertura totale di mobili e pavimenti, nonché la protezione delle pareti per evitare che gli schizzi o la nebulizzazione le impregni macchiandole, causando impermeabilizzazioni incompatibili con eventuali, successive tinteggiature. Ho notato che ogni prodotto (sintetico o all'acqua, indifferentemente) ha effetti negativi sulle pareti, alcuni addirittura le corrodono scavandovi dei veri e propri solchi ben visibili che in seguito non è semplice correggere. È perciò necessario dedicare un po' del proprio tempo ad una buona preparazione prima di procedere con il lavoro. Le occorrerà il seguente materiale: carta da pacchi pesante in fogli grandi, nastro adesivo di carta largo non meno di cinque centimetri ed un Cutter. Seguendo il contorno dei travicelli, stenda il nastro facendolo ben aderire al muro, con lo stesso riempia gli spazi tra una trave e l'altra, poi, al di sotto di questa iniziale copertura, posizioni la carta da pacchi avendo cura di fissarla da parte a parte in modo che eventuali colature non trovino varchi attraverso cui filtrare. Le consiglio di applicare la carta in senso verticale - serviranno più fogli, ma proteggerà una porzione maggiore di superficie. In genere ne basta una sola fila (non occorre arrivare sino al pavimento), ma se i prodotti dovessero comunque colare dove la carta non c'è, pulisca immediatamente. Terminato il trattamento, rimuova la carta e il nastro - se lo farà subito, essendo quest'ultimo "ammorbidito" dai liquidi, si staccherà più facilmente senza portar via pezzi di tinteggiatura non più aderenti.

35) *Ho un comodino che purtroppo è stato trattato con un misto di petrolio, antitarlo e olio di lino, quindi è stato finito a cera. Ora "puzza" da morire. L'ho messo sul terrazzo per diverse settimane, ma appena l'ho portato in camera da letto l'aria è diventata irrespirabile. C'È qualche speranza? Mi consigliano di renderlo "impermeabile" con una finitura a gommalacca, che cosa ne pensa? Ci sono altre soluzioni?*

Da quello che mi scrive mi sembra di capire che il legno, prima del trattamento, era grezzo (cioè non verniciato a gommalacca o altre vernici trasparenti), il che lo rendeva certamente assorbente - ergo, i prodotti utilizzati sono penetrati più o meno in profondità nella fibra e perciò l'odore è destinato a perdurare, almeno sino alla completa evaporazione ed essiccatura degli stessi.

Il metodo utilizzato per il trattamento del suo comodino, mi lascia alquanto interdetto:

- mescolare l'antitarlo al petrolio è sostanzialmente inutile, equivale a diluirne il principio attivo (già diluito in altri solventi tra cui, forse, il petrolio stesso) rendendolo di fatto meno efficace;
- mescolare l'antitarlo all'olio di lino (che è un liquido assai più denso) equivale a ridurne la capacità penetrativa, condizione essenziale affinché il principio attivo raggiunga il cuore del legno per svolgere la propria azione disinfestante o preventiva;
- utilizzare soltanto la cera come finitura (sebbene spesso la si preferisca per l'aspetto "naturale" che conferisce al manufatto), non è mai consigliabile poiché il legno resta vulnerabile ad ogni accidente.

A mio avviso, su legno grezzo (pronto per la verniciatura/finitura), si sarebbe dovuto procedere nel seguente modo:

- trattare con antitarlo inodore secondo la metodologia e nella quantità adeguata alle necessità contingenti, quindi attendere la sua completa evaporazione;
- impregnare con una o due mani di turapori alla gommalacca e rifinire con una o due mani di gommalacca data a pennello;
- aspettare la perfetta asciugatura e spagliettare le superfici per rimuovere la gommalacca in eccesso, renderla uniforme e opacizzarla uniformemente, spolverare accuratamente;
- finire con la cera d'api ben lucidata.

Va da sé che il problema dell'odore (o profumo, dipende dai gusti personali) che la cera lascia sul manufatto, non lo si può evitare, tuttavia, esistono in commercio cere professionali con profumazioni gradevolissime e, in ogni caso, dopo breve tempo, l'inconveniente si esaurisce da solo.

L'insopportabile e perdurante odore del suo comodino, probabilmente, è proprio dovuto all'uso del petrolio e di un antitarlo tradizionale, forse di scadente qualità.

Ora, come risolviamo il problema? Proverei con questa procedura:

- rimuovere i precedenti prodotti con la triplice soluzione (si veda la risposta alla domanda n. 30), in caso di difficoltà e su legno grezzo, si può aumentare la percentuale di alcool). Strofinare uniformemente le superfici con un tampone di cotone che dev'essere mantenuto pulito, sostituendolo spesso. Aiutarsi con un pennello ove necessario, rimuovere il liquido in eccesso;
- lasciare il manufatto all'aria (al riparo dal sole e da sbalzi di temperatura), lungamente, in modo che i prodotti che erano penetrati nel legno (petrolio e antitarlo), possano adesso risalire in superficie evaporando più facilmente e velocemente;
- quando non vi sarà più odore, o sarà diventato sopportabile, trattare nuovamente con antitarlo inodore, lasciare asciugare;
- impregnare con una o due mani di turapori alla gommalacca e rifinire con una o due mani di gommalacca data a pennello, lasciare asciugare perfettamente;
- spagliettare le superfici per rimuovere la gommalacca in eccesso, renderla uniforme e opacizzarla uniformemente, spolverare accuratamente;
- finire stendendo un velo leggero di cera d'api, attendere che sia perfettamente asciutta e lucidare con un panno di lana.

Se il profumo della cera dovesse darLe fastidio, riponga il comodino in una stanza appartata, meglio se ventilata, e attenda - nel giro di qualche settimana non dovrebbe più rilasciare odore.

36) *Vivo in una casa con il soffitto in travi di legno, ristrutturata 15 anni fa. Da qualche settimana trovo in giro per casa l'insetto di cui ho allegato la foto. Ho pensato potesse essere una qualche specie di tarlo, ma non me ne intendo. Se lo fosse, potrebbe darmi qualche indicazione su come combatterlo?*

Non è un tarlo - le sue travi e i suoi mobili non corrono pericolo. L'insetto della foto che mi ha inviato è un cerambice della famiglia dei coleotteri, tale **Stictoleptura rubra**. Si nutre di polline e altre parti dei fiori come pistilli, stami e petali. È un

insetto diurno, attivo da maggio/giugno ad agosto/settembre. Nella sua forma giovanile (anche larvale) lo si può trovare negli alberi vivi di pino, abete e larice e in ogni caso predilige le conifere e le essenze tenere. Il suo organismo è in grado di produrre una sostanza che gli consente di digerire il legno ingerito, è quindi un insetto xilofago. Vive nei prati vicino ai boschi e alle radure, nei frutteti e nei parchi, dalla pianura alla montagna. Il ciclo di vita dura 2 o 3 anni. Data la sua diffusione, è considerato un insetto invasivo.

Rispetto a queste caratteristiche, la stranezza più grande è che sia a spasso, in ambiente domestico, in un periodo di inattività. È febbraio, la fioritura da cui trae nutrimento non è ancora cominciata. Non capisco come possa sopravvivere e cosa ci stia a fare in una abitazione. Forse vicino a casa Sua sono stati abbattuti o potati degli alberi e alcuni esemplari sono sfarfallati in cerca di un rifugio. Capita. Le

consiglio di mettere le zanzariere, sono la miglior difesa contro qualsiasi insetto proveniente dall'esterno, compresi i comuni tarli del legno i quali, per l'appunto, volano!

37) *Da molti mesi vedo sulle travi della mansarda dove dormo dei bruchi. Le travi sono state trattate contro i tarli, perciò non capisco di quale insetto si tratti. Le invio una foto: riuscirebbe a dirmi cos'è e se può essere dannoso per il legname?*

È una **Litosia Eilema** (Lithosia caniola), un lepidottero della famiglia delle Arctiidae, ampiamente diffuso in tutta Europa, in particolare nella nostra penisola. Attualmente si segnalano consistenti infestazioni in svariate zone della provincia di Asti.

Spesso invade le abitazioni, particolarmente quelle dei centri storici, generalmente in primavera e in estate.

Piuttosto somigliante alla processionaria del pino (con la quale viene comunemente confusa), risulta essere del tutto innocua per l'uomo e gli animali domestici.

La sua presenza non è da mettere in relazione con una infestazione ad eventuali essenze arboree. La Litosia Eilema si nutre esclusivamente di muschi e licheni, ed è proprio per questo che si avvicina alle case, specialmente cercando i tetti ricoperti da vecchi coppi oppure muri particolarmente umidi, poco o nulla esposti al sole.

Le larve mature possono misurare circa 20 mm di lunghezza e 3 mm di larghezza, sono piuttosto tozze e ricoperte da verruche con una fitta peluria grigiastra, non urticante. Gli adulti sono farfalline di piccola-media taglia (30-40 mm) con ali di colore variabile dal bianco al grigio al giallo pallido, ed hanno abitudini crepuscolari.

In Italia l'insetto compie due generazioni in un anno. In primavera si possono evidenziare le larve svernanti che riprendono l'attività trofica nel mese di aprile-maggio, cominciando ad invadere le abitazioni.

Tali invasioni si ripetono generalmente nel mese di luglio. Le larve hanno movimenti giornalieri e si introducono con grande facilità all'interno delle abitazioni attraverso le fessure dei tetti, le finestre e i lucernai lasciati aperti, sempre preferendo il lato nord delle case.

Non essendo pericolosa per l'uomo, per gli animali e per le piante coltivate, l'utilizzo di qualsiasi agente chimico per sbarazzarsene non ha alcun senso, è utile, invece, sigillare le eventuali vie d'ingresso al fine di impedire l'accesso a lei e ad altri insetti ben più fastidiosi o pericolosi.

Solo in caso d''infestazioni massicce e non sopportabili, si potrà ricorrere all'utilizzo di formulati a base di piretroidi opportunamente registrati per questo utilizzo.

Non tema, quindi, il legname di casa Sua non corre pericoli così come non li corre Lei. Se non Le fanno troppo schifo, può conviverci, oppure può catturarle e portarle in una zona più adatta a loro.

38) *Vivo in cascina e stamani mi sono accorto della presenza dei tarli in una catasta di legna che ho tagliato e stipato sotto un portico esterno (il rumore dei parassiti è molto forte!). Cosa posso fare? Pensa che possano essere rischiosi per le travi del portico? Dalla catasta al tetto ci sono 2 metri! Può darmi qualche suggerimento?*

Lo stoccaggio della legna da ardere può veicolare un'infestazione e sempre questa può facilmente estendersi al legname in opera (infissi, travi ed anche mobili). È fisiologico, direi inevitabile.

Legnaie, fienili, portici, soffitti ed ogni altro manufatto in legno, soprattutto in campagna, dovrebbero essere mantenuti in buono stato, protetti con le giuste vernici e periodicamente trattati contro l'attacco degli insetti xilofagi (termiti, coleotteri, cerambicidi, buprestidi e scolitidi), ma, mi rendo conto, non sempre è possibile farlo - talvolta ciò ha conseguenze gravi, più dispendiose di una buona prevenzione. Occorre metterlo in conto quando non si possa o non si voglia averne cura.

Tornando al Suo problema... coprire o spostare la legna di qualche metro non serve a nulla: gli insetti, infatti, compiono il loro ciclo vitale sfarfallando e migrando tutt'intorno alla ricerca di nuovi ricoveri in cui proliferare. Potrebbe trattarla chimicamente, ma non ha molto senso. L'unico modo per risolvere il problema è bruciarla - cosa che, prima o poi, farà.

Sarebbe utile capire di quale insetto si tratta (**Stromatium fulvum, Hylotrupes bajulus**?), quindi, scoperta la specie, si potrebbe stabilire se l'essenza delle travi del portico, in base anche alle condizioni generali, può essergli congeniale aumentando così il rischio di una migrazione... quand'anche lo sapessimo, però, l'unica difesa è un trattamento antitarlo professionale, curativo se l'infestazione si è già estesa, preventivo se il legname è sano.

A titolo informativo:

- gli insetti xilofagi volano, vanno perciò ovunque possano trovare le migliori condizioni di vita;
- non vedere i caratteristici buchi dei tarli nel legno (da 1 mm. in sù, dipende dalla specie) non significa che non ve ne siano al suo interno - i fori, infatti, non sono di entrata, bensì di uscita!

Insomma... per difendere l'abitazione, Le suggerisco l'uso di buone zanzariere e di non stoccarvi mai (per nessuna ragione), la legna da ardere. Per difendere le travature esterne (e interne, se non lo ha già fatto), Le consiglio di trattale con un buon antitarlo e magari proteggerle con un impregnante o una vernice (vi sono in commercio ottimi prodotti che non modificano l'aspetto naturale del legno).

39) *Su una scrivania centenaria ho effettuato un trattamento antitarlo, prima pennellando tutta la superficie, poi iniettando il prodotto in ogni singolo foro. Per ulteriore sicurezza vorrei effettuare anche un trattamento fumigante e quindi chiederti quale prodotto acquistare tenendo conto di non poter*

portare il mobile all'aperto. Ho trovato un prodotto fumigante a base di Permetrina chiamato Copyr SmoKe, cosa ne pensi? Posso usarlo sigillando la scrivania dentro un involucro di plastica a tenuta d'aria? Alla fine sarà necessario tappare tutti i fori? Sono tanti, ma proprio tanti - devo procedere con cera in stick, oppure pensi che potrebbe bastare la cera d'api?

Se l'antitarlo che hai utilizzato è di buona qualità, una fumigazione potrebbe essere del tutto inutile. In ogni caso, se vuoi essere sicuro di risolvere il problema, ti consiglio di ripetere il trattamento imbibendo abbondantemente il legno con l'antitarlo sino a quando smette di assorbirlo (a volte sono necessari moltissimi passaggi e molti litri di prodotto), quindi sigilla accuratamente la scrivania nel nylon e lasciala così per parecchie settimane. L'evaporazione in camera stagna del principio attivo presente nel prodotto, dovrebbe saturare l'aria rendendola irrespirabile, anche in profondità nel legno e se eventuali superstiti non moriranno per avvelenamento, lo faranno a causa dell'anossia.

Ma se proprio vuoi effettuare un trattamento fumigante, il **Copyr SmoKe** mi sembra un ottimo prodotto, lo sperimenterei.

La permetrina è un insetticida ad ampio spettro molto efficace anche contro i tarli. Mi stupisce che nelle schede tecniche sia del Dobol, sia del Copyr SmoKe, tali insetti non siano menzionati. Un'omissione davvero strana perché il valore commerciale ne gioverebbe. Ma tant'è.

Il Copyr SmoKe è classificato come esplosivo in miscela con materie combustibili. Sebbene bruci senza produrre fiamme, sviluppa un intenso calore, per questo il barattolo deve essere posto su una base refrattaria (un mattone, ad esempio). Va da sé che non lo si possa chiudere in un sacco di nylon, vicino o a contatto con materiali infiammabili (plastica, legno, tessuti, ecc.). Se hai una piccola stanza da trasformare in momentanea camera stagna, potrebbe fare al caso tuo, ed anzi, potresti introdurvi anche altri manufatti in legno per fare loro un trattamento preventivo. Calcola il volume del vano e acquista tanti barattoli quanti ne servono per saturare l'aria nelle giuste proporzioni. Melius abundare quam deficere.

I buchi (tutti) devono essere chiusi: con lo stucco o con la cera in stick - in alternativa puoi anche usare la cera d'api (quella che si usa per lucidare), purché sia molto, molto dura - quest'ultimo sistema non è il massimo, tuttavia è largamente utilizzato.

Se i buchi sono tanti, ma davvero tantissimi, ti consiglio lo stucco. Ricordati di rimuovere subito l'eccesso, poi, quando è asciutto, rifinisci usando la lana d'acciaio fine (con la carta a vetro fai prima e duri meno fatica, ma può graffiare la superficie). Probabilmente non ti basterà una sola applicazione (lo stucco, asciugandosi, cala nei buchi), perciò armati di santa pazienza e persevera.

Se ci sono parti di legno mangiucchiate, rosicchiate, non più lisce e ben levigate, non puoi usare né lo stucco, né la cera in stick. Il legno così gravemente danneggiato, prima va consolidato (vedi la risposta alla domanda n. 18), poi protetto con una buona e spessa verniciatura, quindi finito con cera d'api (meglio se colorata) che dovrà riempire in abbondanza e in profondità ogni buco, ogni scanalatura. Anche in questo caso, non ti basterà una sola applicazione e l'eccesso va rimosso. Io uso una spazzola con setole né morbide, né dure, che oltre a rimuoverla, la lucida.

40) *Abbiamo acquistato una vecchia casa con un solaio in legno (travi e travetti). Poiché la verniciatura era in pessime condizioni lo abbiamo completamente carteggiato e poiché è pieno di "buchini" vorremmo fare un trattamento antitarlo prima di impregnare. Volevo chiederle, dopo questa disinfestazione sarà necessario farne altre ogni tot anni? E di conseguenza, a cosa andremmo incontro se, dopo aver disinfestato e impregnato, decidessimo di controsoffittare rendendo inaccessibili tutte le travi lasciando a vista solo le travi più grandi?*

Nessun antitarlo ha effetti definitivamente risolutivi. La persistenza curativa e/o preventiva di un antitarlo, dipende dalla concentrazione e dall'efficacia degli insetticidi utilizzati, ma esaurita la loro azione, il legno torna ad essere esposto a futuri attacchi. Solo un'ottima verniciatura e la sigillatura di ogni possibile via d'accesso all'interno del legno sono un'adeguata e durevole protezione.

Dopo aver adeguatamente protetto i muri (per sapere come fare vai alla domanda n. 34), procederei in questo modo:

- effettuerei un energico e ripetuto trattamento antitarlo (il **Gori 11** o **Gori 22**, è un antitarlo all'acqua adatto per il trattamento preventivo e curativo del legname grezzo o già lavorato, io lo uso per le travature perché stendendolo schiuma facilitandone l'applicazione);
- tratterei la travatura con un impregnante insetticida e fungicida, anche mordenzato nel caso si volesse uniformare la coloritura del legno (consiglio l'**impregnante Feroni**);

- quindi la proteggerei stendendovi almeno 2 mani di una vernice ad effetto cerato, trasparente (La **Linitop Classic**, della Levis, sarebbe perfetta per questo scopo - è un po' cara, ma ha una resa eccezionale e conferisce al legno un aspetto straordinariamente bello e naturale);
- infine, chiuderei i buchi rimasti aperti utilizzando la cera d'api colorata (una ditata sino a riempimento completo, rimuovendo subito l'eccesso).

Se il lavoro sarà fatto a regola d'arte, le probabilità che il legname possa essere nuovamente colonizzato si ridurranno enormemente, in ogni caso, però, sarà buona norma controllarlo periodicamente. La mordenzatura del legno aiuterà a riconoscere gli eventuali nuovi buchi in quanto, osservandoli, si noterà la differenza di colore tra l'interno del buco stesso e la superficie circostante. Va da sé che una controsoffittatura impedirebbe ogni tipo d'ispezione e, soprattutto, d'intervento - qualora si rendesse necessario. La eviterei, non si sa mai.

41) *Un signore anziano ha realizzato per me una serie di oggetti in legno (cestini, panieri, ecc.) che vorrei appendere su una parete della mia casa in montagna. Vorrei proteggerli e soprattutto vorrei che non ammuffissero com'è capitato ad un vecchio cestino che avevo già appeso a quella parete. Cosa devo fare? Posso eventualmente utilizzare lo stesso procedimento che mi consiglierai per trattare anche altri manufatti contadini (tavole di legno per impastare, tinozze, ecc.)?*

I tuoi manufatti corrono due pericoli: 1) l'attacco delle muffe a causa dell'umidità; 2) l'attacco dei tarli a causa dei materiali utilizzati (legno tenero, giovane o molto stagionato, fascine, ecc.).

La parete sulla quale vorresti appendere i cestini, probabilmente è fredda e umida (muro esterno? esposto a nord o in ombra per la maggior parte della giornata?), perciò è la superficie meno adatta dove attaccare quadri e qualsiasi altro oggetto. Ma se proprio non hai alternative, fai in modo che il muro e gli oggetti non si tocchino ponendo tra loro dei distanziatori di sughero (tipo i feltrini per le sedie). Il sughero è un ottimo isolante. In commercio se ne trovano di varie grandezze e sono adesivi, perciò puoi facilmente applicarli sul bordi dei manufatti - altrimenti puoi realizzarli tu stesso tagliando a fette dei tappi (spessore non inferiore ai 5 millimetri) che successivamente fisserai sugli angoli degli oggetti con una lacrima di collante rimovibile o con lo scotch biadesivo. Un metodo più sbrigativo consiste nel piantare sugli angoli degli stessi un chiodo in ottone che dovrà sporgere dal legno per almeno 5 millimetri, impedendo così all'oggetto di appoggiarsi alla parete quando verrà appeso.

Ma veniamo al trattamento:

- applicare un buon trattamento antitarlo a titolo preventivo e attendere la sua completa asciugatura;
- applicare un buon impregnante protettivo antimuffa, incolore, e attendere la sua completa asciugatura;
- fissare il tutto stendendo un paio di mani (e oltre, secondo necessità) di gommalacca decerata e attendere la sua completa asciugatura;
- sfregare, per quanto è possibile, con lana d'acciaio fine e spolverare accuratamente;
- finire con la cera d'api incolore - uno strato sottile, steso con un panno (anche aiutandosi con un pennello), rimuovendo subito l'eccesso;
- quando asciutta, lucidare con un panno di lana e una spazzola (tipo quella da scarpe).

Ti ho consigliato la gommalacca per questi motivi: 1) è un prodotto non invasivo che offre un'ottima protezione; 2) contrariamente ad altre vernici (che fanno pellicola e quindi si notano!), penetra in profondità nel legno dandogli, grazie anche alla spagliettatura, un aspetto molto discreto e vellutato; 3) si può lucidare con la cera d'api la quale, strofinata, conferisce al legno una finitura estremamente naturale.

Perché decerata? Perché le cere contenute nella gommalacca tradizionale danno al prodotto una caratteristica colorazione leggermente ambrata che, seppur di poco, cambia il colore delle superfici trattate. La gommalacca decerata, invece, è sostanzialmente incolore, cristallina, perciò non vi sono modificazioni di rilievo nella coloritura del legno. Tuttavia, un modestissimo scurimento è inevitabile, qualsiasi trattamento si decida di fare: io lo chiamo "effetto bagnato" - accentua i contrasti e satura i colori senza snaturarli. Molto gradevole.

Per quanto riguarda la seconda domanda, se i manufatti non saranno utilizzati per la preparazione del cibo, la risposta è sì, altrimenti non vanno assolutamente contaminati con prodotti tossici e chimici. Se sono già verniciati, devi riportarli su legno utilizzando lo sverniciatore. In ogni caso, prima di trattarli, puliscili accuratamente e se è necessario lisciali con la carta a vetro (grana fine, seguendo le fibre del legno), poi procedi come sopra.

42) *Ho parecchi gatti che vivono all'aperto tutto l'anno. L'inverno si avvicina e vorrei realizzare dei ricoveri nei quali possano trovare riparo dal freddo. Potresti darmi qualche indicazione su come costruirli (misure, materiali, ecc.)?*

C'è un metodo semplice, veloce ed economico: adattare i contenitori isotermici in polistirolo espanso o in polipropilene espanso per uso alimentare (box per catering e la conservazione/trasporto di alimenti, caldi e freddi).

Ce ne sono di tutte le grandezze e chi li utilizza spesso li butta via. Anche se non in perfetto stato, per l'uso che vado a proporti, vanno benissimo.

Il polistirolo espanso (o in polipropilene espanso) è un materiale leggero, facilmente lavorabile, termico, impermeabile, resistente e compatto. I contenitori isotermici li puoi trovare nelle pescherie, nei ristoranti, nei negozi alimentari, presso le ditte di catering, ecc. Chiedi in giro e magari prenotali. Quando ne avrai un numero sufficiente, ecco cosa devi fare...

- Disegna un'apertura sul lato della parete più lunga in modo da creare una stanzetta riparata sul lato opposto, all'interno della scatola.
- L'apertura puoi ritagliarla facilmente con un taglierino a lama lunga, quindi fissa dall'interno con il nastro adesivo da pacchi una tendina utilizzando del nylon spesso, aperto nel mezzo.
- La tendina dev'essere fissata in alto e sui lati, in modo che sia ben salda.
- Fissata in questo modo, resisterà al passaggio del gatto e alle sue unghie - non solo, garantirà una maggiore protezione dal freddo.
- Si può aggiungere una piccola tettoia per impedire alla pioggia e alla neve di entrare in "casa".
- A questo punto fissa il coperchio con il nastro adesivo da pacchi in modo che i gatti non possano alzarlo e il gioco è fatto!
- Posiziona le cucce in un punto riparato, magari sotto una tettoia o un terrazzo.
- Rialzale da terra per isolarle e per evitare che un eccesso di pioggia possa allagarle.
- Ricorda che sono leggerissime, il vento può spostarle, rovesciarle e farle volare via - perciò dovrai zavorrarle in qualche modo.

Naturalmente, potrai abbellirle e comporle a tuo piacimento: tingendole (con i colori acrilici o lo smalto all'acqua) o rivestendole all'esterno (utilizzando colla vinilica e giornali che poi potrai colorare), sovrapponendole, rendendole comunicanti tra loro, dall'interno, creando scalette e quant'altro, spazio alla fantasia!

Un'ultima annotazione: queste cucce possono essere pulite e riparate agevolmente - se ne avrai cura, dureranno parecchi anni.

 Credo di avere un'infestazione di tarli. Le allego la foto di uno dei vermetti che trovo spesso sul pavimento, caduti dal mio soffitto con travi di legno a vista, in parte rifatto da poco perché era in pessime condizioni. Intanto ho provveduto a spruzzare sulle travi un liquido impregnante antitarlo e nell'aria parecchio spray a base di permetrina e tetrametrina chiudendo le finestre e lasciando chiuso per parecchio tempo. Chiedo conferma o smentita.

Non è un tarlo. Dovrebbe essere un **Armadillidium vulgare**, crostaceo dell'ordine degli Isopoda.

È conosciuto con numerosi nomi: porcellino di terra, porcellino di Sant'Antonio, armadillo volgare, corrierina, onisco, insetto palla, sferottolino, cazzolla, verme coculo (nel sud Italia), rotolobotolo.

Vive in ambienti umidi e poco illuminati. Si muove soprattutto di notte per andare alla ricerca di cibo: vegetali ed animali morti. Di giorno si nasconde sotto terra, al di sotto di sassi o nel legname marcescente. Quando riposa o quando viene disturbato, si richiude su se stesso formando una sfera che non offre appigli all'aggressore. Le uova, frutto dell'accoppiamento, vengono trasportate in una sacca umida sotto l'addome. Quando la sacca cresce troppo per il suo esoscheletro, l'animale effettua due mute durante le quali il vecchio tegumento viene abbandonato (mi sembra il caso dell'esemplare che hai fotografato).

Prima del rifacimento del tetto, è probabilissimo che vi fossero problemi d'infiltrazione d'acqua, umidità, ecc. Se il lavoro è stato fatto a regola d'arte, le eventuali travi marcescenti dovrebbero essere state sostituite, ma se la marcescenza in alcuni punti non era a vista, è possibile che alcune siano rimaste al loro posto e con loro questi piccoli animaletti. Ora che la struttura è stata modificata, potrebbero semplicemente aver trovato una via di fuga nuova che li conduce nel tuo appartamento.

Aver impregnato le travi di antitarlo e saturato l'aria con un insetticida a base di permetrina, molto probabilmente li ucciderà.

44) *Da febbraio noto la presenza di alcuni insetti, vivi e morti, sul pavimento, in punti specifici. Compaiono anche con le finestre chiuse. Il soffitto ha i travi di castagno e temo che possano annidarsi li. La casa è di ampia metratura, quindi sono molto preoccupato: se fossero tarli sarebbe un disastro. Che fare? Per sua informazione: 1) non sembra provengano rumori dalle travi; 2) quelle che fin'ora pensavo fossero irregolarità del legno potrebbero essere le gallerie che fuoriescono, sono del diametro di qualche millimetro e non compaiono su tutte le travi ma su alcune in particolare e sotto queste ci sono le maggiori concentrazioni di insetti; 3) non riscontro la presenza di polvere di legno, ma sto ristrutturando, potrei sbagliarmi. Allego alcune foto. Tenga presente che per via dei lavori di ristrutturazione gli insetti sono impolverati e quindi nelle foto i colori sono falsati.*

La presenza di gallerie e fori nel legno, non è di per sé prova inconfutabile che ci si trovi di fronte a un attacco. Potrebbe infatti trattarsi di una vecchia infestazione ormai conclusa. L'assenza di rumore, poi, è un dettaglio rassicurante. Ma la prudenza è d'obbligo, in ogni caso.

L'esemplare fotografato, sicuramente non è un **HYLOTRUPES BAJULUS** (Capricorno delle case) perché vi sono differenze morfologiche molto evidenti che lo escludono. Potrebbe essere un **HESPEROPHANES CINEREUS** (Capricorno delle latifoglie), ma le misure non corrispondono e pure la morfologia non è perfettamente corrispondente (il corpo è più tondeggiante e i colori differiscono). In ogni caso, potrebbe effettivamente trattarsi di un'infestazione di cerambici, ma non riscontro nell'esemplare fotografato certe caratteristiche distintive (le grandi dimensioni, le antenne molto lunghe, la forma del corpo più o meno allungata e slanciata), mentre ne trovo altre (le antenne collocate tra gli occhi). Altro indizio che depone a favore dei cerambici sono le gallerie scavate sulla superficie del legno. Insomma, sto avendo serie difficoltà a identificarlo.

Ti consiglio d'ispezionare con attenzione la travatura. Cerca cumuli di polvere di legno (rosura) che in genere si formano intorno ai fori di uscita e all'interno delle gallerie. Scortica la superficie dove compaiono le gallerie, verifica quanto scendono in profondità, rimuovi la rosura con un aspirapolvere potente, cerca le larve e distruggi tutto con il fuoco.

Nel caso del castagno l'attacco dovrebbe essere limitato al solo alburno e quindi una scattivatura (rimozione dello stato superficiale attaccato) potrebbe risolvere il problema, anche se un buon trattamento antitarlo preservante, la sigillatura dei fori e delle crepe e la finitura con cere o vernici impregnanti/protettive, è più che consigliabile.

Se dopo la scattivatura osservi gallerie che penetrano nel durame occorre valutare se l'entità dell'attacco può comportare rischi statici. Il materiale va quindi trattato con prodotti professionali che si dovranno applicare a pennello o a spruzzo, avendo cura di iniettarli nei fori e provvedendo alla successiva sigillatura degli stessi.

Le travi andranno comunque sorvegliate per verificare se l'infestazione persiste (a volte si possono sentire i rumori prodotti dalle larve che si nutrono, oppure mucchietti di rosura caduta dai fori di sfarfallamento degli insetti adulti).

Potresti anche intervenire con una fumigazione con gas tossici, con il trattamento in atmosfera controllata o con il sistema a microonde. Questi metodi sono però estremamente onerosi ed anche se "garantiscono" l'eradicazione dell'attacco, non hanno poi efficacia preventiva, perciò, subito dopo, occorre trattare con un antitarlo preservante.

Rivolgiti a una ditta specializzata e mostra l'insetto. La sua identificazione è necessaria non solo per poter stabilire l'effettiva esistenza dell'attacco e la sua pericolosità, ma anche per decidere il tipo di prodotti da utilizzare. Tuttavia, stai attento: spesso, pur di garantirsi il lavoro, i disinfestatori millantano competenze che non hanno e pericoli che non ci sono. Contattane più d'uno e poi verifica su internet che la specie corrisponda – soltanto dopo potrai decidere con cognizione di causa.

Per fortuna stai ristrutturando, quindi, qualsiasi intervento tu decida di fare, non ti causerà particolari disagi permettendoti di operare al meglio.

Un ultimo consiglio: dato che la tua casa si trova in campagna (presumibilmente vicino a boschi, legnaie e quant'altro), fornisci le finestre di zanzariere, questo impedirà a molti insetti xilofagi di approfittare della tua involontaria ospitalità.

45) *Ho applicato su un tavolo di acacia da esterno dell'olio di lino (come suggerito all'acquisto). Dopo 24 ore dall'applicazione, effettuata con pennello, la superficie appare a tratti macchiata con zone in cui l'olio non è stato assorbito ed è appiccicoso. Leggendo sui siti vedo che l'olio doveva essere diluito e poi passato con un panno, ma in generale si parla di tempi di*

I tempi di essiccazione dell'olio di lino possono essere molto lunghi, specie se non diluito o se il legno è nuovo, poco stagionato, scarsamente assorbente come nel caso delle essenze sane, dure e a fibra compatta. Ed è appunto la differente assorbenza della superficie che determina le macchie di cui mi parli: in alcuni punti la fibra è più larga, il legno è più poroso, perciò assorbe un maggior quantitativo di liquido il quale, scendendo in profondità rispetto ad altre zone, pare macchiarle – in realtà, con l'asciugatura, il tono generale dovrebbe uniformarsi.

Nonostante vi siano in commercio un'infinità di prodotti capaci di conferire al legno qualsiasi tipo di finitura in modo semplice, economico e durevole, ancora vi è la tendenza a consigliare l'uso di palliativi che non solo non lo proteggono, ma in certi casi ne possono accelerare il deterioramento. L'olio di lino, in sé, non è dannoso, ma usato su legno grezzo, come finitura, non ha più alcun senso: lascia la superficie esposta all'attacco dei tarli, non la rende brillante e dato che asciuga molto lentamente restando appiccicoso per lungo tempo, diventa una specie di adesivo su cui la polvere si deposita stratificandosi sino a creare una spessa pellicola di sporco assai tenace e diffuso.

Ti consiglio caldamente di rimuoverlo e optare per altre finiture.

Ecco come fare:

- strofina uniformemente le superfici con un tampone di cotone imbevuto di essenza di trementina. Il tampone deve essere mantenuto pulito, sostituendolo spesso. Se necessario, aiutati con una spazzola o un pennello con le setole dure frizionando le zone più difficili da raggiungere, rimuovi sempre il liquido in eccesso;
- ripeti più volte la pulizia, almeno sin quando lo strato di olio prossimo alla superficie del legno sia stato rimosso completamente;
- lascia il manufatto all'aria per qualche giorno (al riparo dal sole, da sbalzi di temperatura e umidità) in modo che eventuali residui di olio risalgano in superficie e tu possa rimuoverli con l'essenza di trementina;
- lascia evaporare l'essenza di trementina sino ad asciugatura completa;

• quando il tavolo è perfettamente pulito e asciutto, scegli un tipo di finitura adatto alle tue esigenze e capacità.

Personalmente, ti consiglio di impregnare con una, due o tre mani di gommalacca stesa a pennello uniformemente, senza creare accumuli e colature. Il pennello dev'essere morbido, ogni mano deve essere perfettamente asciutta, spagliettata con la lana d'acciaio fine e spolverata prima di stendere la successiva. Quando avrai completato il ciclo, spaglietta un'ultima volta le superfici per rimuovere l'eccesso di gommalacca, renderla uniforme e opacizzarla. Spolvera il tavolo accuratamente e finisci stendendo un velo leggero di cera d'api, attendi che sia perfettamente asciutta e strofina con un panno di lana. Otterrai una superficie piuttosto compatta, liscia e moderatamente traslucida.

46) ***Possiedo uno stipone di fine '800 in noce e già da qualche anno trovo segatura e tarli. Ho letto molto bene il metodo che hai riportato qui nel sito, nonché le domande/risposte. Vorrei sapere: 1) le quantità da comprare ed i prodotti meno nocivi, più efficaci e semplici da utilizzare; 2) se c'è qualche tecnica particolare dato che non intendo sverniciarlo; 3) se devo trattare anche gli altri mobili di casa; 4) quanti giorni deve durare la camera a gas (che farò sul balcone al sole del mattino)? 5) quando metto con la siringa l'antitarlo devo rifare la camera a gas o devo chiudere i buchi?***

Fare un trattamento antitarlo ad un mobile infestato senza sverniciarlo, può alla fine risultare del tutto inutile, ma tant'è...

NOOOOO, il sole, no – nemmeno quello del mattino!

• Dopo aver affogato il legno nell'antitarlo, chiudi tutto e riponi in un luogo riparato, possibilmente senza sottoporre il legno a sbalzi di temperatura e umidità significativi (se in casa tua ci sono 25 gradi, l'ideale è un luogo con una temperatura e un livello di umidità analoghi).
• Tieni il legname chiuso nel nylon almeno una settimana, poi ripeti il trattamento (iniettare, spennellare e imbibire, insieme, abbondantemente, ovunque, sino a quando il legno smette di assorbire il liquido).
• Ripeti tante volte quante ne vorrà (più sono, meglio è).
• Fai una prova in un angolo non a vista della lucidatura per verificare che non vi siano reazioni chimiche indesiderate (con il Sinotar andavi abbastanza sul sicuro, con altri prodotti non so).
• Senza dubbio, sì – devi assolutamente trattare anche gli altri mobili (magari senza smontarli) perché i tarli volano e quando vedi i buchetti (che sono di uscita, non di

entrata) significa che hanno già colonizzato un mobile – prevenire è molto meglio che curare.

- Alla fine del trattamento, quando avrai finito e il legno sarà perfettamente asciutto, chiudi i buchi con lo stucco e passa la cera anche all'interno, sotto, sopra e dietro al mobile
- Lascia asciugare anche la cera e lucida con un panno di lana (l'interno no, non serve, togli solo l'eccesso dalle superfici che utilizzi).

47) *Tempo fa ho acquistato una vecchia casa in pietra con tetto di travi in legno (quercia, pioppo e uno in abete) piuttosto malconce, infestate dal capricorno delle case. Il mio primo intervento è stato quello di soffiare via con un compressore la segatura, asportando lo strato di legno superficiale più*

deteriorato, successivamente ho applicato con siringa, pennello e compressore, circa 10 litri di antitarlo ogni 20 metri quadrati di superficie. Mi hanno consigliato tale "Tarkiller", marca Bruggher, che dati i risultati immagino non sia un gran che. Dopo l'applicazione, per quanto possibile ho avvolto i travi con telo di plastica. Dopo alcuni giorni ho ripetuto l'applicazione dell'antitarlo ed infine ho cominciato a consolidare i travi più rovinati con Paraloid B72 diluito con acetone al 10% fino a saturazione, iniettandolo nei fori con siringa e stendendolo sia a pennello che con compressore. Purtroppo, preso dagli altri lavori di ristrutturazione, non ho completato il lavoro, confidando che l'abbondante pioggia di antitarlo avesse fatto il suo effetto. Oggi che i lavori sono quasi terminati e mi accingo ad ultimare il trattamento dei travi, scopro con orrore la presenza di decine di adulti di capricorno delle case annidati nelle finestre e che svolazzavano allegramente per casa! Sono a chiedere disperatamente il suo aiuto per debellare definitivamente queste bestiacce! Mi consiglia di far intervenire una ditta specializzata con microonde o Xylamon? Spero i costi non siano esorbitanti. O forse potrei intervenire personalmente con altri prodotti antitarlo (ho sentito parlare bene di tale "Xirein")? Il Paraloid rende indigesti i travi per i tarli, o neanche quelli così trattati sono al sicuro? Per finire, vorrei trattare i travi con una vernice trasparente che non resti troppo lucida ma che dia un effetto naturale tipo cera, quale mi consiglia?

Mi spiace che il tuo lavoro (complimenti per la metodologia, formalmente corretta) non abbia sortito gli effetti desiderati, ma non ne sono affatto sorpreso. In base a quello che scrivi, rilevo almeno cinque criticità:

- Soffiare la polvere di legno, ha probabilmente disperso nell'ambiente e spinto ancor più in profondità le uova e le larve degli insetti. Sarebbe stato meglio aspirare con una macchina estremamente potente.
- Asportare lo strato di legno deteriorato (scattivatura) senza bruciare immediatamente i materiali di risulta (ivi compreso la segatura e la polvere di legno aspirata), può aver ampliato l'infestazione.
- Interrompere un trattamento, qualsiasi metodologia si utilizzi e qualsiasi prodotto si scelga, non solo ne vanifica l'efficacia, ma addirittura estende e aggrava l'infestazione (gli insetti migrano cercando rifugio ove il legno non è contaminato, così finisce che formano nuove colonie in legnami prima sani).
- Le infestazioni di **Hylotrupes bajulus** (Capricorno delle case, che attacca specialmente le conifere - ad esempio l'abete, il pino e il larice) e di **Hesporophanes cinereus** (altro Capricorno che attacca le latifoglie - ad esempio la quercia, il pioppo, l'acero, il salice e il castagno), sono difficilissime da combattere. Utilizzare gli antitarlo che si trovano in commercio (per quanto possano essere di ottima qualità, senza dubbio efficaci contro altre specie di insetti del legno), non serve, soprattutto se ci si trova ad affrontare una infestazione estesa e grave come quella da te descritta. Questi insetti (dei veri e propri distruttori, tra i più pericolosi perché attaccano le strutture della casa annullandone la resistenza meccanica fino a causarne il crollo) richiedono l'uso di prodotti altamente professionali, particolarmente tossici anche per l'uomo data l'alta concentrazione di sostanze velenose che contengono (gassose o liquide).
- L'uso del **Paraloid** (non è un antitarlo!) per consolidare il legno non è sbagliato, ma, dato che il trattamento è stato inutile, ora, ove lo hai applicato, più alcuna sostanza liquida potrà penetrare raggiungendo le gallerie più profonde. Un bel guaio.

Ho cercato sul Web informazioni sull'antitarlo **"Tarkiller"** da te utilizzato e... non ne ho trovato traccia. Temo non sia stata una buona scelta.

Cosa puoi fare adesso? Rivolgerti a personale qualificato, sia per valutare l'entità del danno (che potrebbe implicare la sostituzione del legname in opera più compromesso), sia per gestire l'intervento di risanamento con gas o in atmosfera controllata. Sul trattamento a microonde non mi sento di darti garanzie, non ho dati di prima mano verificati e verificabili che possano farmi esprimere in questo senso.

Mi raccomando: è necessario trattare a titolo preventivo/preservativo con un ottimo antitarlo il legname nuovo (prima della posa di eventuali travature e parti in legno strutturali) e pure quello vecchio se decidi per un trattamento a microonde, con gas o in atmosfera controllata. Per quanto so, lo **Xylamon Combi N** - come protettivo - e lo **Xylamon Holzwurmtod** - come curativo -, sono, tra quelli in commercio destinati ai privati, i più potenti - lo **Xirein** parrebbe buono, ma non l'ho mai provato quindi non traggo conclusioni.

Per quanto concerne la finitura, a disinfestazione avvenuta con successo, ti consiglio l'uso di una vernice ad effetto cerato che non ti deluderà: si tratta della **Linitop Classic** (Levis), trasparente o colorata. La migliore che io conosca, in assoluto.

Non sottovalutare il tuo problema. Affrontalo a muso duro, costi quel che costi.

48) *Lo scorso autunno ho dovuto trattare il soffitto a travicelli del mio studio a causa di un'infestazione di tarli, ma dopo qualche mese ho scoperto con orrore che da essi aveva ripreso a cadere la polvere di legno. Cosa significa? Ho buttato via i miei soldi? Ho sbagliato qualcosa?*

Non mi dai sufficienti informazioni per stabilire se il prodotto utilizzato fosse di buona qualità e se fosse adatto per gli insetti che avevano colpito la tua travatura, né se il metodo applicativo fosse corretto. Tuttavia, come ho già avuto modo di scrivere, nessun trattamento è definitivamente risolutivo.

Può capitare che, nonostante si sia fatto tutto il possibile (scegliendo i migliori prodotti e le migliori metodologie), il problema persista o si ripresenti.

Sappi che la residualità di un buon antitarlo, cioè la stabilità e durata nel tempo del principio attivo, è una delle caratteristiche principali che esso deve avere.

Un trattamento superficiale (sostanzialmente inutile) uccide gli insetti che si trovano all'esterno, si deve invece impregnare il legno in profondità creando zone contaminate in modo che le larve degli insetti, scavando e nutrendosi, incontrino l'insetticida e ne rimangano avvelenate.

In effetti, nessuna operazione disinfestante "gassosa" (che lascia il legno senza difesa immediatamente dopo l'applicazione) o "chimica", è in grado di uccidere tutte le larve degli insetti Xilofagi.

Il periodo larvale degli stessi, essendo in relazione alla temperatura, all'umidità e alla stagionalità, può variare da poche settimane a diversi anni. Pertanto, è possibile che, dopo un'azione anche tecnicamente perfetta, ci si possa trovare di fronte a nuovi fenomeni di attività. È evidente, però, che se la larva ingerisce il legname contaminato, si avvelena e muore.

È durante questa limitata attività dell'insetto che si possono verificare quelle cadute di vecchio e nuovo rosume, tali da far supporre chissà quale recrudescenza. È bene, dunque, non trarre conclusioni affrettate pensando ad una rinnovata attività Xilofaga. Solo dopo 10-12 mesi ed oltre dal trattamento sapremo se i nostri sforzi hanno avuto successo e, in ogni caso, come scrivo spesso, dopo ogni trattamento antitarlo curativo o preservativo, è buona norma proteggere il legno con una altrettanto ottima verniciatura.

49) ***Chiedo cortesemente se è possibile trattare i mobili contro i tarli (con il fai da te), evitando di avvelenarsi con le sostanze che leggo essere parecchio nocive. Ad esempio, contro le tarme esiste la lavanda...***

Qualche anno fa, vi era un solo prodotto realmente efficace, tant'è che veniva usato anche dalla soprintendenza con enormi cautele data la sua estrema tossicità. Oggi, per fortuna, la scelta è maggiore e comprende prodotti poco o nulla tossici per l'uomo e per gli animali domestici. Certo, sempre d'insetticidi si tratta – è d'obbligo quindi la cautela (dettata più dal buon senso che dalle avvertenze allarmistiche riportate sulle etichette).

Tarme e tarli non sono la stessa cosa. I tarli possono letteralmente polverizzare solai e strutture lignee compromettendo la stabilità statica di un edificio, mobili antichi pregiati e opere d'arte, non solo oggetti e manufatti di scarso valore, perciò, quando si deve disinfestare o effettuare trattamenti preservanti, è meglio servirsi di prodotti che garantiscano il più alto livello d'efficacia e durabilità, non è proprio il caso di rischiare. Insomma, il fine giustifica i mezzi.

Da tempo, inoltre, si può anche intervenire con sistemi completamente atossici in atmosfera controllata (eliminazione dell'ossigeno) o a microonde (friggendo la materia organica viva presente nel legno). Questi metodi sono però estremamente costosi ed anche se "garantiscono" l'eradicazione dell'attacco, non hanno poi efficacia preventiva, perciò, subito dopo, occorre trattare con prodotti chimici preservanti.

Non so cosa proponga il mercato cosiddetto biologico relativamente alla prevenzione, alla preservazione e alla disinfestazione contro gli insetti xilofagi. Ho più di un dubbio che li possa combattere con la sola imposizione delle mani, l'uso di estratti vegetali naturali e quant'altro. Sicuramente, il metodo più efficace di difesa è la prevenzione. Per evitare infestazioni, basterebbe proteggere il legno trattandolo sempre (quando è ancora sano) con ottime vernici (anche all'acqua, perché no?), mantenendolo poi pulito e in buono stato, ispezionandolo con attenzione in modo da poter intervenire con tempestività, prima che sia troppo tardi. In genere, avendone cura dal taglio della pianta alla posa in opera, si riduce enormemente il rischio di attacchi.

Un altro metodo che viene utilizzato per combattere gli insetti fitofagi e xilofagi, è l'introduzione in natura di specie antagoniste non autoctone. Anche in questo caso sono perplesso perché ormai sappiamo quanti danni si possano causare cercando inutilmente di manipolare l'ambiente: il più delle volte si creano reazioni a catena incontrollabili alle quali, poi, non è più possibile porre rimedio.

Concludo esortandoti a stare tranquillo. Vi sono prodotti di altissima qualità che possono essere utilizzati dal neofita in tutta sicurezza.

50) *Due utenti, stesso problema: legnaie e dermatiti...*

A) *Accatasto legna da ardere in un seminterrato asciutto e senza la presenza di animali domestici o altri parassiti, ma da un po' di tempo in qua ogni volta che vado a prenderla, torno con un gran prurito alle braccia e mi riempio di vescichette trasparenti con un grosso alone rossastro d'intorno. Aiuto!*

B) *A causa di una scossa di terremoto è crollata la legnaia che ho in giardino, l'ho rimessa a posto ed ho notato dopo alcuni giorni che ero piena di chiazze rosse soprattutto nel decolté e qualcuna sparsa in qua e là. La dermatologa mi ha chiesto se avevo una legnaia e mi ha detto che ci sono parassiti molto pericolosi - le risulta che sia vero? Col freddo muoiono o bisogna fare trattamenti?*

La vostra dermatite potrebbe essere causata dallo **Sclerodermus domesticus** oppure dallo **Sclerodermus brevicorne**, entrambi insetti dell'ordine degli imenotteri, della famiglia Betilidi (Bethylidae), antagonisti biologici degli insetti xilofagi; in alternativa, potrebbe trattarsi dello **Pyemotes ventricosus**, un acaro parassita delle larve di **Anobium punctatum**.

Pyemotes ventricosus

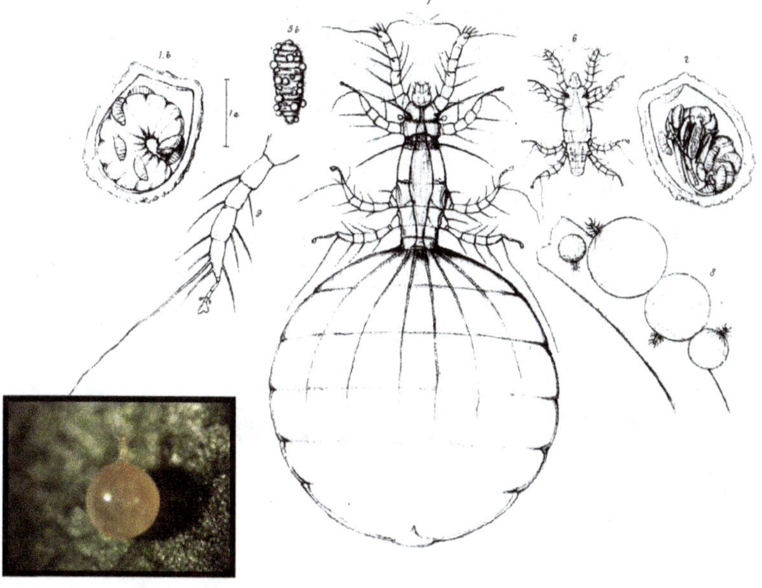

Pyemotes ventricosus

Questo parassitoide è invisibile ad occhio nudo per le sue ridottissime dimensioni (circa mezzo millimetro), ha un comportamento biologico particolare: la femmina gravida partorisce individui già adulti in numero talvolta superiore a 400; lo sviluppo post-embrionale avviene interamente all'interno della femmina gravida. I tipici focolai di infestazione sono mobili tarlati, tavoli, sedie, divani, cornici ma anche la legna da ardere, che portata nelle abitazioni, può introdurre il Pyemotes ventricosus nelle case.

Mentre il tarlo dei mobili si sviluppa a spese del legno, Pyemotes ventricosus si diffonde ovunque ma soprattutto, quando non trova sufficienti insetti xilofagi da parassitare, si rivolge all'uomo provocandogli, pungendolo, papule biancastre in rilievo, circondate da un alone roseo e con una piccola vescichetta al centro. Queste punture causano per circa due giorni un fortissimo prurito localizzato che in alcuni casi può dare luogo a vere e proprie dermatiti allergiche anche gravi con aumento della temperatura corporea, cefalea, dolori alla schiena e alle giunture, perdita di appetito e asma. In genere la distribuzione delle lesioni è strettamente legata al contatto diretto della cute con la matrice legnosa infestata e gli insetti si diffondono nell'ambiente riversandosi su letti, divani, poltrone, cornici, coperte e anche vestiti. Molto rapido, Pyemotes ventricosus punge ripetutamente l'uomo senza che questi all'inizio si accorga di nulla. A volte l'effetto delle punture si manifesta dopo 12-24 ore, rendendo così impossibile il collegamento tra le punture e il luogo dove sono avvenute. Quando le lesioni sono numerose può essere necessario il ricovero in ospedale.

Il periodo più critico è proprio durante la riproduzione: giugno-luglio, da cui il nome di dermatite estiva dell'uomo. Tuttavia, questo acaro si è ben adattato a vivere in ambienti domestici e la sua versatilità lo porta ad essere assolutamente indifferente alle condizioni termo-igrometriche dell'ambiente. Per liberarsi da tali parassitoidi è fondamentale - anzi, necessario - disinfestare il legname.

Sclerodermus domesticus

Lo Sclerodermus domesticus, detto anche tarlo formica per la somiglianza con tale insetto, è lungo 3-4 mm. ed è appena visibile a occhio nudo.

È un predatore delle larve dei Coleotteri che vivono nel legno, soprattutto dei tarli del legno Anobiidae (in particolare l'Anobium Punctatum). La femmina, aggressiva e attivissima, penetra nelle gallerie scavate dai tarli nel legno di vecchi mobili o nei travi dei tetti, colpisce più volte le larve con il pungiglione (posto nella parte posteriore del corpo), paralizzandole col veleno. Dopo essersi nutrita dell'emolinfa che esce dalle piccole ferite delle vittime, vi deposita sopra le uova. Le larve si alimenteranno anch'esse a spese dei tarli. In seguito dai bozzoli creati dalle larve usciranno gli adulti di Sclerodermus.

Durante la ricerca di un foro di tarlo (mobili d'antiquariato, vecchi divani e poltrone, tavolini, vecchie cornici), si può trovare la femmina di Sclerodermus domesticus lungo le pareti della stanza, sulle tende, sulle lenzuola.

Lo Sclerodermus punge anche l'uomo, soprattutto di notte, ripetutamente, nel periodo primavera-estate, con massimo tra aprile e maggio. Le punture vengono percepite perché inducono un dolore acuto urente (viene iniettato lo stesso veleno utilizzato per paralizzare le larve dei tarli), al quale segue la formazione di papule dure, rossastre, pruriginose, persistenti (anche dieci giorni). Le punture non sono mai singole, sono disposte in modo casuale a differenza di quelle delle cimici che invece hanno un ordine significativo.

Nel caso di soggetti ipersensibili, possono aversi reazioni di tipo orticarioide, con sintomi sistemici quali febbre, malessere generale, nausea, irrequietezza.

Consiglio di fare un'accurata ricerca per verificare di quale parassitoide si tratta, quindi conviene rivolgersi a personale specializzato per effettuare una energica disinfestazione.

51) *Devo fare un trattamento antitarlo a delle volte ricoperte da canniccio palustre sostenute da centine in legno. L'arella sostiene l'intonaco a base di calce e gesso. Per questo tipo di intervento dovrei utilizzare un antitarlo a base di acqua e privo di solventi, possibilmente contenente mordente per ottenere una superficie colorata idonea per un successivo trattamento antincendio. Saprebbe indicarmi qualche prodotto? Il trattamento antitarlo*

Come antitarlo all'acqua conosco solo il Gori 11 o 22, adatto per il trattamento
preventivo e curativo del legname grezzo o già lavorato (vedi quale dei due è più
indicato per il lavoro che devi fare). L'ho utilizzato su una vecchia travatura sabbiata
- spennellandolo diventa schiumoso e quindi cola poco. Lo si trova in confezioni da
1, 5 e 25 litri ed ha un prezzo abbastanza ragionevole, circa 20 euro al litro, dipende
dal quantitativo acquistato. Lo si può addizionare con coloranti all'acqua (pigmenti
concentrati) e forse anche con il mordente in polvere, tuttavia eviterei. Per il
trattamento e la coloritura, prima spennella o spruzza l'antitarlo, poi il mordente in
modo che il primo non "muova" il secondo.

Ho notato che ogni prodotto (sintetico o all'acqua, indifferentemente) ha effetti
negativi sull'intonaco, alcuni addirittura lo corrodono scavandovi dei veri e propri
solchi ben visibili e causando impermeabilizzazioni incompatibili con eventuali,

successive tinteggiature, perciò è meglio se i laterizi non ne siano contaminati. Tuttavia, nel tuo caso, temo che non potrai evitarlo.

Se non ho capito male, lavorerai in orizzontale, stando sopra le centine. L'antitarlo (che deve essere applicato in abbondanza e ripetutamente), colerà sul legno e, anche per effetto della gravità, raggiungerà prima il canniccio sottostante, poi l'intonaco/gesso, impregnando e probabilmente superando entrambi sino ad affiorare sul soffitto. Ti consiglio di fare una piccola prova in un punto poco visibile e aspettare che il tutto sia perfettamente asciutto per verificare le conseguenze. Tieni presente che la macchia che presumibilmente si verrà a creare sul soffitto non sarà incolore perché sporcata dalla polvere (nella peggiore delle ipotesi diverrà giallastra, bruna, addirittura marrone o nerastra). Se potrai tinteggiare il soffitto, prova a imbiancarla e vedi quello che succede.

Per la successiva mordenzatura non dovresti avere problemi. Stendi il comune mordente per legno diluito con l'acqua con una spugna in modo da rilasciare sul legno solo la quantità di colorante necessaria, senza che coli.

Consiglio 1: prima di procedere al trattamento, rimuovi quanta più polvere puoi, sia dal legno, sia sulle superfici circostanti. Aiutati con pennelli a setola dura, spazzole d'acciaio e di saggina, quindi aspira con un aspirapolvere potente. Magari, per fare un lavoro migliore, dai anche una lavata alle centine (usa una spugna e l'acqua, senza farla colare) - meno polvere ci sarà in giro e meno problemi avrai, anche con i tuoi polmoni.

Consiglio 2: diluisci il mordente per legno in polvere nell'acqua calda (non bollente!) e aggiungici un po' di ammoniaca (in una tanica da 5 litri, due bicchieri circa). L'ammoniaca aiuta a "mordere" il legno, favorisce la penetrazione del colorante. Quando la soluzione sarà fredda potrai utilizzarla.

Consiglio 3: dopo aver mordenzato ed effettuato il trattamento antitarlo, se il legname è stato attaccato dai tarli, potresti avere bisogno di consolidarlo dove si è indebolito a causa delle gallerie che vi hanno scavato (in quei punti si sfarinerà). Usa una soluzione impregnante sciogliendo a bagnomaria nell'acqua calda colla forte in perle. Ti occorrerà l'apposito pentolino e un fornello elettrico. La soluzione ottenuta dovrà essere spennellata ed eventualmente iniettata nelle gallerie e nei fori ancora calda e nella giusta diluizione (piuttosto liquida). Ripeti se necessario sino a raggiungere il giusto indurimento del legno.

Quando il tutto sarà perfettamente asciutto, potrai procedere con il trattamento antincendio.

Per quanto riguarda l'ultima domanda, io una spruzzata di antitarlo la darei anche all'arella. Ho visto alcuni cannicci attaccati dai tarli, perciò, anche solo a titolo preservante, li tratterei. Usa un nebulizzatore in modo da controllare la quantità di prodotto, se lo spennellerai rischierai di esagerare incorrendo nei medesimi problemi di infiltrazione di cui sopra.

52) *Ho trovato in soffitta un comò anni '50, molto semplice, chiaro, con sei cassetti e quattro gambe snelle. Secondo me è semplicemente impolverato, da pulire e lucidare un po'. In base alle foto che allego, come le sembra? Può avere valore? Certo dovrei spostarlo e verificare se nel complesso sta su bene e se ci sono tarli. Mi sono rivolta ad un restauratore che mi ha chiesto una cifra per me alta, quindi vorrei fare da sola perché non mi sembra che il mobile sia messo così male, non credo sia necessario scartavetrarlo e riverniciarlo, ma solo igienizzarlo e lucidarlo un po' per ravvivare il colore. Tenga presente che non mi piacciono i mobili troppo lucidi, ma piuttosto invecchiati e che vorrei cambiare le maniglie, magari con altre moderne, per sdrammatizzarlo. Cosa mi consiglia? Come posso fare per rendere i cassetti puliti e igienici (ci metterei dentro la mia biancheria), basta una carta o devo usare la ceralacca? Come si usa?*

È difficilissimo valutare lo stato del tuo mobile, ma essendo impiallacciato do abbastanza per scontato che ci siano dei punti scollati, problema che se non viene risolto, può estendersi. La scollatura dell'impiallacciatura (un foglio sottile di legno nobile, pregiato, incollato su essenze economiche) è normale quando i mobili soffrono (umidità, sbalzi di temperatura, incollaggio non eseguito a regola d'arte, maltrattamenti, trascuratezza, ecc.). Per bloccare il fenomeno, basta riparare l'impiallacciatura, risanare il mobile (meglio restaurarlo) e riporlo in un ambiente con temperatura e livello di umidità stabili. In ogni caso, è possibile che l'assestamento del legno (l'adattamento alle nuove condizioni climatiche) crei ulteriori problemi – anche questo è normale.

Ho notato che il mobile ha i gambi rotti, gravemente danneggiati. Occorre smontarli, pulirli, ripararli e rincollarli – un intervento che, data la lunghezza degli stessi, deve essere eseguito molto, molto bene, altrimenti rischiano di non poter sostenere il peso dell'oggetto, o rompersi nuovamente al primo spostamento.

Lo smontaggio, la pulitura dalle sostanze collose precedenti, la riparazione e il rincollaggio dei gambi (non usare chiodi e viti!), potrebbero danneggiarne la verniciatura – ciò, se non vuoi lucidare il mobile intero, ti costringerà a farlo almeno con loro.

Ho anche notato che le superfici sono graffiate, forse macchiate almeno sul piano: puoi tentare di camuffare i graffi con un po' di cera colorata marrone, ma le macchie dovrai tenerle.

Per pulire a fondo il mobile dalla stratificazione di sporco, ti consiglio di spolverarlo accuratamente (aspirando l'interno), quindi prepara questa soluzione: Ml. 100 di trementina + Ml. 50 di alcool a 95° + Ml. 50 di olio paglierino – agitare bene e in continuazione, imbibire una pezza di cotone (cambiala spesso), strofinare e asciugare procedendo per piccole porzioni di superficie. Ripetere quanto basta.

Quando avrai riparato e pulito il mobile, fai un abbondante trattamento antitarlo iniettandolo nei buchi lasciati dai tarli e spennellandolo anche, soprattutto, all'interno del mobile e sulle superfici non a vista (dietro e sotto). Insisti parecchio sul legno grezzo (non protetto da verniciatura). Quando sarà asciutto, passa un velo di cera colorata marrone ovunque, esattamente come hai fatto con l'antitarlo. Con la cera riempi anche i buchetti dei tarli. Quando anche la cera sarà asciutta, rimuovi l'eccesso all'interno dei cassetti, se vuoi ricoprili con la carta (non incollarla!) e lucida l'esterno con un panno di lana.

Questo, grosso modo, è quello che puoi fare da sola, in economia, senza aspettarti risultati strabilianti.

La riparazione dei gambi potrebbe essere alquanto difficoltosa. La riparazione delle sbollature dell'impiallacciatura, invece, non è difficile, ma richiede un minimo di perizia. Rivolgiti ad un artigiano che ti mostri come fare, altrimenti potresti far più danni di quelli già esistenti.

Io non cambierei le maniglie ma se decidi di farlo, non buttarle! Per quanto il mobile non sia antico (è modernariato, con scarso valore), sono ormai quasi introvabili.

53) *Ho trovato gallerie di tarlo carteggiando con intensità una trave esterna del porticato. Nelle fessure più o meno vistose ho inserito una grande quantità di antitarlo Xylamon, ma dato che la mia casa è piena di legno (infissi, soffitti, mobili) avrò circoscritto l'infestazione? In casa, tracce evidenti di tarli (polverina, buchi, ecc.) non ne ho mai trovate, posso stare tranquillo? Come faccio a controllare che la trave trattata non abbia più tarli (se non carteggiavo in profondità non me ne sarei nemmeno accorto)? Vorrei fare un trattamento impregnante protettivo utilizzando qualche prodotto della Levis, ma sono difficili da trovare. Che fare?*

Se in casa non hai mai notato nulla di allarmante (polverina, buchi, rumori provenienti dal legno), puoi stare tranquillo. Io, comunque, doterei le porte e le finestre di zanzariere in modo da creare una naturale barriera che impedisca l'ingresso di qualunque insetto (i tarli volano) e farei un trattamento preservante ai mobili (di tanto in tanto, male non fa).

Per quanto riguarda la travatura del porticato, se prima della cartavetratura non avevi notato i suddetti classici segnali di un'infestazione, può voler dire che l'attacco si era risolto da solo o grazie a un trattamento antitarlo precedente. L'attacco potrebbe anche essersi verificato dopo il taglio della pianta, quando il legname era stoccato in segheria, prima della lavorazione e della posa in opera. Non mi preoccuperei, dunque, ma ispeziona ugualmente le travi - ora e nei prossimi mesi, anni. Lo **Xylamon** è un ottimo prodotto, efficace come curativo e come preservante.

Il principio attivo penetrato nel legno ucciderà gli insetti che, se vi sono, cercheranno di uscire, e farà barriera contro quelli che potrebbero tentare d'infestarlo – tuttavia, non durerà in eterno, tutt'altro, perciò, periodicamente, una spennellata è sempre bene darla, soprattutto se il legno viene lasciato grezzo (non verniciato) o trattato solo con impregnanti ad altissima penetrazione che non creano un film sulle superfici.

In Italia è sempre più raro reperire i prodotti Levis, si trovano ancora (anche se con enorme difficoltà), lo smalto e le vernici trasparenti. Tuttavia, nel frattempo si sono affermate sul mercato altre aziende, più semplici da reperire e di ottima qualità. Io uso spesso i prodotti **Sayerlack**, perlopiù ordinandoli in rete. Se cerchi impregnanti sintetici, all'acqua, vernici trasparenti satinate o lucide, ecc., sul sito dell'azienda avrai solo l'imbarazzo della scelta (http://www.sayerlack.com/it/prodotti/scegli-un-prodotto/33 ed altre pagine). Naturalmente sì, ti consiglio di proteggere il legno con una vernice o un impregnante tra quelli disponibili, eventualmente chiama la ditta e chiedi consiglio, specificando che dovrai trattare il legno in esterno.

54) *Dieci anni fa ho avuto in regalo un settimino molto bello, restaurato molto bene. L'ho tenuto nella stessa stanza (camera da letto) per ben dieci anni, ma poiché dovevamo ristrutturare la casa, siamo andati ad abitare in un appartamento al piano sottostante per più di due mesi. Questo appartamento era disabitato da tempo ma completamente arredato con*

mobili e sedie antichi. Ho sempre tenuto molto a questo mobile passandogli la cera d'api ad intervalli regolari, non esponendolo a fonti di calore o alla luce diretta del sole e controllando che non ci fossero buchi recenti a parte quei pochi che erano stati a suo tempo tappati. Ho posizionato il mobile nella camera da letto anche nell'appartamento sottostante, lontano dai mobili antichi, ma l'altro ieri quando ho riportato il mobile in casa mi sono accorta che i gambi e l'intera parte posteriore sono come "trivellati". Terrorizzata ho spruzzato nei cassetti ed in grande quantità nei buchi (che sono principalmente esterni, all'interno sono pochi), una sostanza innocua per uomini e animali il Bio Kill. È contro i tarli, le mosche, le formiche etc., può essere spruzzato su mobili, infissi, pavimenti, tessuti, sedie, divani, è inodore e non lascia tracce. Il giorno successivo battendo sul mobile sono usciti due piccoli insetti neri (morti) con ali, uno era il doppio dell'altro. Oltre a non comprendere che tipo di tarlo potrebbe essere, non so, vista l'entità dei fori, se posso attraverso i suoi consigli trattarlo o se è meglio portarlo da un restauratore. Mi hanno consigliato l'antitarlo Complet, ma sinceramente ho timore di danneggiare il mobile che è lucido, infatti in alcuni punti nel lato posteriore alcune piccole parti sono diventate bianche o sbiadite, penso che basterà passare un po' di cera colorata per ripristinare il tutto, ma per il resto ho timore di perdere il mobile. Attendo consigli e rassicurazioni.

Un'infestazione dagli effetti tanto immediati, massicci ed evidenti, suggerisce che l'attacco non sia recente. I tarli hanno avuto tutto il tempo di colonizzare il mobile, riprodursi all'interno del legno e raggiungere lo stadio adulto sino allo sfarfallamento (i buchi sono prodotti dagli esemplari in uscita, non in entrata). Quindi, se ho capito la tempistica, suppongo che la colonizzazione sia avvenuta nell'appartamento di origine, prima del trasferimento.

Mi è impossibile stabilire la specie dell'insetto senza poterlo osservare, ma potrebbe trattarsi del comune "tarlo dei mobili", l'**anobium punctatum** (si veda il capitolo "I TARLI") - ti consiglio di cercare di identificarlo facendo una ricerca per immagini sul web, giusto per toglierti il dubbio.

Sì, fai bene ad essere prudente con l'uso degli insetticidi, alcuni possono davvero danneggiare la lucidatura dei mobili. Prima di usarli è opportuno fare delle prove in una piccola zona non a vista della superficie e aspettare sino all'asciugatura per essere sicuri che non vi siano reazioni.

Il **Bio Kill** non è un prodotto specifico contro gli insetti xilofagi, non è durevole ed è emulsionato con acqua, un liquido che non va per niente d'accordo con le vernici alla gommalacca e con il legno, specie se impiallacciato. Se le macchie biancastre e le zone opacizzate non c'erano prima del trattamento, temo che siano dovute al suo utilizzo. La cera, anche colorata, potrebbe non ripristinare la lucidatura. Aver trovato alcuni tarli morti dopo il suo utilizzo non significa che siano morti a causa del prodotto, potrebbero semplicemente aver concluso il loro ciclo vitale.

So di restauratori che usano l'antitarlo **Complet** e ne sono soddisfatti, io però uso il **Sinotar** (Sinopia) che, oltre ad essere durevole ed efficacissimo (in 24 ore può penetrare nel legno per parecchie decine di centimetri), non macchia il legno, le verniciature e nemmeno i tessuti o la carta, è inodore e non è tossico per l'uomo. L'ho ampiamente sperimentato e non lo cambierei con nessun altro - te lo consiglio caldamente. Puoi acquistarlo direttamente dal produttore SINOPIA.

Dunque, prima di portare il mobile da un restauratore, io farei così:

- imbibirei il legno con l'antitarlo (a pennello dove il legno non è verniciato e per iniezione nei buchi, nelle fessure, nelle giunzioni, ecc.), abbondantemente, sino a quando non assorbe più.
- sigillerei il mobile nel cellophane per rallentare l'asciugatura dell'antitarlo e favorirne la penetrazione, quindi lo lascerei a riposo per un paio di settimane, anche tre (puoi ripetere l'imbibizione quante volte vuoi, sempre lasciando a riposo tra un trattamento e l'altro).
- Terminato il trattamento, lascerei il mobile all'aria per qualche giorno, quindi chiuderei i fori con i bastoncini di cera o con lo stucco colorato in pasta, rimuovendo l'eccesso prima che asciughi (lo stucco in pasta "cala", occorre attendere l'asciugatura e ripetere il riempimento ove necessario).
- se la lucidatura è a gommalacca e vuoi una finitura a cera, spaglietterei uniformemente e delicatamente le superfici con lana di acciaio extra fine (insistendo un po' sugli sbiancamenti e per rimuovere eventuali tracce di stucco), quindi stenderei un velo di cera colorata di buona qualità (anche dove il legno non è verniciato). Quando asciutta, panno di lana e olio di gomito per ravvivare la lucidatura.

Se entro il prossimo autunno non compariranno nuovi buchi, vorrà dire che la disinfestazione ha avuto successo. Diversamente sarà necessario ripetere il trattamento o portarlo da un restauratore nella speranza che usi i prodotti giusti.

55) *(...) Stamani ho avuto modo di parlare con un restauratore che, vista l'importante infestazione, suggeriva di fare un trattamento ecologico a microonde attraverso una camera iperbarica (se non ho capito male), per*

L'dea di sottoporre un mobile ad un trattamento con la tecnica dell'irradiazione di microonde, non mi ha mai convinto. In rete non ho trovato evidenze scientifiche che tale trattamento produca danni significativi, ma sono ugualmente dubbioso.

Più opportuno sarebbe un trattamento in atmosfera modificata (anossia), meglio se rinforzato introducendo gas letali. Agendo sull'atmosfera non si avrebbe alcuna modificazione dello stato fisico del legno, requisito che nel restauro del mobile antico di pregio e dei manufatti artistici, mi pare irrinunciabile.

Puoi fare una ricerca in rete per verificare se in zona vi siano aziende che propongono questo metodo, oppure, se la ditta ti offre sufficienti garanzie, puoi provare il trattamento a microonde. Eventuali danni dovuti all'irradiazione delle microonde, potrebbero non essere importanti. Il costo, poi, mi sembra ragionevole, sicuramente inferiore ad un restauro vero e proprio.

Ad ogni modo, è vero - in entrambi i casi il mobile disinfestato non sarebbe protetto contro futuri attacchi, perciò, dopo, dovrai comunque trattarlo con l'antitarlo, a titolo preventivo, preservante. Puoi fare da sola, imbibendo abbondantemente il mobile e poi lasciandolo a riposo nel cellophane per due o tre settimane in modo che il liquido evapori lentamente penetrando in profondità e fissando il proprio principio attivo nel legno. Puoi usare un pennello qualsiasi.

Il trattamento preservante ha una durabilità relativa. Chiedi al fornitore dal quale acquisterai il Sinotar per quanto tempo resterà attivo il principio attivo e quindi programma di ripeterlo di conseguenza. Con poco sforzo e poca spesa, si possono evitare danni ingenti.

Animali domestici.

Sarei prudente, soprattutto trattandosi di gatti che non tollerano la **Permetrina** (può essere mortale): non farli entrare in contatto con il liquido e i gas sprigionati dall'antitarlo durante l'asciugatura. Di sicuro non vi sono controindicazioni introducendo mobili già trattati (ho tre mici in casa e quando ho portato alcuni oggetti restaurati, non è successo nulla), perciò chiudi il mobile in una stanza e riaprila solo quando avrai finito.

In ultimo: sì, effettua un trattamento preservante anche agli altri manufatti in legno che possiedi. Meglio non potresti fare.

56) *A titolo preventivo, ho applicato l'antitarlo Terminator (Fidea) su alcuni mobili nuovi in abete, ma dopo 6 giorni il prodotto non era ancora evaporato producendo un effetto unto/bagnato su tutte le superfici. Ho utilizzato lo stucco all'acqua per riparare alcune imperfezioni ed ora ho paura che se carteggio per rimuovere i residui di antitarlo, anche questo verrà via. È davvero necessario scartavetrare o ci sono metodi alternativi per rimuovere la sostanza oleosa? Le risulta che questa marca di antitarlo dia problemi come il mio? Come faccio a capire se ho utilizzato la permetrina?*

L'antitarlo, di qualsiasi qualità sia, prima o poi asciuga, è solo questione di aspettare, ma l'utilizzo di un prodotto scadente o non adatto all'uso, dà altri e peggiori problemi che, talvolta, ho personalmente riscontrato:

* residui oleosi o di altra natura che non consentono una uniforme, capillare mordenzatura delle superfici o che possono dar luogo a reazioni chimiche indesiderate durante i successivi trattamenti;
* affioramento (anche dopo parecchio tempo, ad asciugatura avvenuta) dei solventi utilizzati per favorirne la penetrabilità con conseguente sbiancamento della lucidatura o macchiatura del legno, sotto le vernici (http://www.cinziaricci.it/restauro/faq-029.htm);
* macchiatura immediata del legno difficilmente rimovibile a breve termine;
* reazioni chimiche blande o importanti a danno delle precedenti coloriture (scolorimento generale, rimozione del colorante a macchie di leopardo, scurimento generale o a chiazze) o lucidature/verniciature (arricciamento del film, ammorbidimento, ecc.);
* persistenza di cattivo odore;
* irreversibile ammorbidimento dei collanti preesistenti con conseguente perdita di solidità strutturale;
* rigonfiamento e distacco dei piallacci, delle carte utilizzate per il rivestimento interno dei mobili, ecc.

• inefficacia del principio attivo o scarsa durabilità dello stesso.

La scelta dell'antitarlo adatto all'uso che se ne vuole/deve fare è, quindi, fondamentale. Non è vero che uno vale l'altro e risparmiare (accontentarsi) non paga mai.

Nel tuo caso puoi fare solo due cose:

• aspettare che asciughi completamente sperando che poi non si verifichino inconvenienti durante i successivi trattamenti;
• cercare di rimuovere il prodotto lavando il legname con diluenti poco aggressivi (acquaragia o essenza di trementina) o molto aggressivi (nitro, acetone), quindi ripetere il trattamento con un antitarlo migliore che diluirà gli eventuali residui del precedente.

Tieni presente che:

• il lavaggio con diluenti aggressivi (nitro, acetone) potrebbe alzare il pelo del legno, quindi, ad asciugatura avvenuta, potrebbe essere necessario carteggiare o spagliettare la superficie per rimuovere la ruvidità;
• la rimozione con solventi (eliminando subito con un panno asciutto i liquidi in eccesso) potrebbe essere solo superficiale e, nel tempo, potrebbero verificarsi degli affioramenti.

In seguito al lavaggio dovrai comunque attendere la completa asciugatura del solvente e potrebbero comunque affiorare delle macchie o degli aloni (causati soprattutto dall'eccesso di liquido non rimosso dopo l'applicazione). Per rimediare, talvolta è sufficiente passare un panno imbevuto di diluente strofinando energicamente, talvolta no. In tal caso occorrerà carteggiare.

Cosa farei io?

Mi metterei il cuore in pace e aspetterei la perfetta, completa asciugatura dell'antitarlo Terminator, solo allora procederei con le successive lavorazioni, incrociando le dita.

Quanto tempo occorrerà?

Dipende, ma se lascerai i mobili in una stanza ventilata l'asciugatura sarà più rapida. Occorrerà comunque parecchio tempo.

Come farai a sapere quando i mobili saranno asciutti?

Superficialmente, quando non vi saranno più tracce oleose, macchie effetto bagnato, ecc. In profondità, è difficile dirlo.

In ultimo: sì, il **Terminator** (come ogni antitarlo, scadente o eccellente che sia) contiene la **permetrina** che è una sostanza attiva antiparassitaria comunemente utilizzata contro gli insetti xilofagi.

57) *Questa mattina ho trovato nel mio studio l'insetto di cui allego una foto. La cosa mi ha incuriosito e mi piacerebbe sapere di cosa si tratta.*

Dovrebbe essere un **Leptoglossus Occidentalis,** conosciuto con il nome di "cimicione americano", "cimice delle conifere", "cimice dei pini" o "cimice dei semi americana". È un insetto fitofago della famiglia dei Coreidi (Rhynchota Heteroptera) ed è originario degli Stati Uniti occidentali (California, Oregon e Nevada).

Il Leptoglossus occidentalis si nutre della ninfa del pistacchio e delle conifere (Pino Strobo, Pino Nero, Peccio, Abete di Douglas, ecc.), perforando le squame delle pigne e succhiandone i semi. Le punture degli stiletti dell'insetto causano durante la fioritura l'aborto delle parti colpite, oppure l'avvizzimento dei tessuti danneggiati.

Attraversa 5 età giovanili, distinguibili per le variazioni cromatiche che assumono: da giallo-arancio a bruno-rossiccio. Gli adulti sono lunghi da 10 a 20 mm, le femmine possono raggiungere dimensioni maggiori. Presentano un motivo a zig-zag di colore chiaro sulle ali anteriori; sulla parte dorsale dell'addome è presente un caratteristico motivo giallo e nero, distinguibile solamente durante il volo. Le zampe sono lunghe, in particolare le posteriori hanno due espansioni fogliari, dalle quali deriva il nome volgare americano di "leaf-footed bug" (cimice dalle zampe a foglia). Dopo l'accoppiamento, le femmine depongono le uova, perlopiù in fila sugli aghi. Le uova sono di color giallo-arancio e si scuriscono man mano che si avvicinano alla schiusa. Un singolo ago può contenere fino a 70 uova. Dopo una decina di giorni dalla deposizione, si ha la schiusa e le giovani cimici continuano ad alimentarsi sulle gemme dell'ospite.

Questo insetto è comparso in Italia intorno al 1999, probabilmente giunto con il legname proveniente dalle aree geografiche d'origine. I primi esemplari sono stati avvistati in Lombardia e Veneto, ma oggi è uniformemente diffuso in tutte le regioni settentrionali, in Umbria, Sicilia e Sardegna. La sua comparsa e repentina diffusione, la scarsa conoscenza delle sue caratteristiche ed abitudini che lo portano a stretto contatto con l'uomo, hanno creato un inutile quanto immotivato allarmismo. In effetti, persino nelle aree maggiormente colpite dove è presente da più tempo, le autorità competenti sono ancora scarsamente o nulla informate inducendo chi si rivolge loro a dargli la caccia con qualunque mezzo, anche inappropriato o sproporzionato.

Lo si trova in ambiente urbano perché cerca riparo dal freddo anche all'interno degli edifici, nelle abitazioni, dove cade in uno stato di torpore fino alla primavera successiva quando abbandona i ricoveri invernali per dirigersi sulle piante ospiti e ricominciare il ciclo biologico. In autunno, è attratto dalle pareti esposte a sud e dopo il tramonto si rifugia nelle crepe e nelle case. I luoghi di svernamento sono le cortecce, gli anfratti naturali, le tane dei roditori, i nidi di uccelli, le fessure e le crepe attorno alle porte e alle finestre in cui si possono formare anche grandi quantità di insetti aggregati.

Il Leptoglossus Occidentalis è inoffensivo, non punge e non è vettore di agenti patogeni, pertanto non reca danno alle persone o agli animali domestici, non riesce neppure a riprodursi all'interno degli edifici poiché per nutrirsi e depositare le uova ha bisogno delle piante. L'unico inconveniente, peraltro non sempre percepibile, è che se toccati o molestati, gli esemplari adulti possono emettere un forte odore di banana.

La veloce naturalizzazione e diffusione del Leptoglossus Occidentalis in Italia, probabilmente avrà ripercussioni negative sulla produzione di seme nei boschi di conifere e potrà creare ulteriori fastidi alle persone per la propensione a invadere le case, i giardini e gli alberi ornamentali, anche vicini alle abitazioni, ma niente di così grave, devastante, da richiedere l'abbattimento delle piante colpite e l'uso di prodotti chimici sulla cui efficacia, peraltro, non vi sono certezze.

Si stanno adottando diverse forme di disinfestazione, alcune sperimentali, tra cui l'utilizzo di trappole ai ferormoni o l'aggregazione con altri insetti quali, ad esempio, il dittero Tachinide Trichopoda Pennipes che è un parassitoide della cimice verde Nezara Viridula. Questo parassitoide, in America risulta essere particolarmente attivo nel controllo anche del Leptoglossus Occidentalis. Nei boschi del Veneto è stato ripetutamente rinvenuto un agente di limitazione biologica della cimice: si tratta di una microscopica vespa parassita che svolge tutto il suo sviluppo all'interno di un uovo della cimice, causandone la morte. Questo parassitoide è stato identificato come Anastatus bifasciatus, una specie ampiamente diffusa nel territorio italiano dove sfrutta uova di molti insetti. Esso potrebbe contribuire in modo naturale al contenimento della diffusione e dei fastidi causati dal nuovo arrivato.

L'utilizzo di insetticidi all'interno delle abitazioni non è consigliato. Se non si vuole ospitare il Leptoglossus Occidentalis durante l'inverno (ricordo che non è pericoloso e non danneggia il legno in opera), basta sigillare le fessure di porte e finestre dotando le stesse di zanzariere per impedirgli di entrare.

58) *Nelle ultime notti, accendendo la luce all'improvviso, ho trovato alcuni animaletti che si aggiravano intorno al lavello sul mobile della cucina. Sul momento ho pensato che si trattasse di scarafaggi, così, dopo aver ripulito tutto ho provveduto a disinfettare con Baygon schiuma tutti gli angoli e i fori nel muro vicino agli scarichi. Poi, rivedendoli nuovamente ho scoperto che si rifugiavano in una fessura nella giuntura del travetto che sostiene il lavello, dopo averne catturato uno, l'ho confrontato con le fotografie del vostro sito e l'unica somiglianza che ho trovato è quella del capricorno del legno, tuttavia, come può vedere dalle foto allegate, i colori sono un po' diversi. Ho provato a spruzzare l'insetticida ad ampio spettro Bio Kill ma ho visto ancora altri*

Dovrebbe trattarsi di una infestazione di **blattelle germaniche** (anche dette "fuochiste" e "mosche del caffè") e quella nella foto è un esemplare nello stadio di neanide. Per saperne di più fai una ricerca in rete, per la disinfestazione (direi necessaria) ti consiglio di affidarti ad una consulenza specializzata.

59) *Devo effettuare un trattamento antitarlo nella mia casa (piena di mobili, grandissime librerie e porte in legno massello, ecc.). Tra gli altri trattamenti mi è stato proposto di portare, insufflando aria calda, la temperatura dell'ambiente a 50-55 gradi centigradi per alcune ore. Vorrei sapere se a quella temperatura (50°) i tarli (larve e uova comprese) possono resistere o vengono distrutti e, possibilmente, se a quelle temperature i mobili intarsiati possono subire danni (scollamento degli intarsi, delle giunture, etc).*

Gli sbalzi di temperatura, specie se repentini, sono sempre dannosi per il legname, in modo particolare per i mobili, perché causano restringimenti e dilatazioni con la conseguenza che si vengono a creare fratturazioni, fessurazioni, scollamenti e cedimenti. <u>Eviterei</u>.

In alternativa al metodo che ti hanno proposto, vi è il trattamento a microonde (a mio parere, però, non indicato per i mobili): è un processo di riscaldamento dielettrico in cui il flusso è assorbito dai liquidi presenti nel legno. Può essere mirato alle sole aree interessate da un'infestazione e l'innalzamento della temperatura a 55 gradi porta all'eliminazione di qualsiasi insetto (uova, larva, adulto), fungo e battere, in pochi secondi di applicazione e con totale assenza di residui tossici. A me spaventa pure questo per le medesime ragioni, ma pare funzioni e non ho notizia di evidenze scientifiche che dimostrino danni particolari. Dopo, in ogni caso, dovresti far trattare tutto il legname con un ottimo antitarlo professionale perché le microonde (ma anche gli altri sistemi che non contemplino l'uso di insetticidi altamente penetranti e a lunga durata) non hanno una funzione preservante.

<u>Per i mobili, i metodi di disinfestazione sono cinque:</u>

- in **camera o tenda stagna saturata con gas insetticidi quali il bromuro di metile o la fosfina** (idrogeno fosforato con aggiunta di anidrite carbonica per eliminare l'ossigeno), lasciandovi i manufatti per lungo tempo sino ad eliminazione completa degli insetti in ogni stadio;
- in **camera o tenda stagna priva di ossigeno** (si ottiene l'anossia, ovvero l'assenza di ossigeno tramite introduzione di sostanze quali l'azoto e l'anidride carbonica), anche in questo caso lasciandovi i manufatti per lungo tempo (18 giorni e più) sino ad eliminazione completa degli insetti;
- **aerotermia mediante l'introduzione di aria calda** (il metodo da cui siamo partiti e che solleva parecchie perplessità tra gli esperti a causa dello shock termico generalizzato che può provocare danni al legno;
- **onde elettromagnetiche** (microonde, riscaldamento dielettrico controllato e localizzato del legno);
- **imbibendo per iniezione, spennellatura o immersione il legno sverniciato in un antitarlo liquido** ad alta penetrazione, composto in percentuali variabili da uno o più principi attivi (tutti insetticidi derivati di sintesi del piretro).

Qualunque metodo che non preveda l'uso di insetticidi liquidi, successivamente occorre trattare il legno con un antitarlo professionale, liquido ad alta penetrazione e lunga durata, cosa che ha senso solo in caso di manufatti sverniciati o su mobili in ottimo stato conservativo evitando il contatto con la verniciatura.

Attenzione: sebbene il bromuro di metile sia bandito a causa dell'estrema nocività e per i danni che causa all'ambiente e ai materiali con cui entra a contatto, pare sia ancora utilizzato beneficiando di deroghe particolari. È un insetticida efficacissimo, ma molto, molto pericoloso. Brutta bestia pure la fosfina (fosfuro di idrogeno): è infiammabile, esplosiva, conduttiva e altamente tossica (può uccidere facilmente persino a concentrazioni relativamente basse). Ho letto che è utilizzata soprattutto nelle disinfestazioni industriali e agroalimentari, che per facilitarne la diffusione e penetrazione si usa l'anidride carbonica e che poi i residui dovrebbero essere rimossi per evitare contaminazioni dannose per l'ambiente e la salute. Eviterei entrambi.

I metodi generalmente adottati dalle soprintendenze di belle arti, sono:

- <u>per i manufatti in legno removibili</u> (oggetti, mobili, strutture smontabili e quindi anche collocabili in camere o tende stagne da montare in loco), l'**anossia con introduzione di azoto o anidride carbonica**, e l'imbibizione con prodotti insetticidi liquidi ad alta penetrazione e lunga durata del principio attivo (per immersione, spruzzo, iniezione e spennellatura);

- <u>per i manufatti in legno inamovibili</u> (strutture fisse, soffitti a cassettoni, travature, scale, ballatoi, ecc.), le **onde elettromagnetiche o l'imbibizione con prodotti insetticidi liquidi** ad alta penetrazione e lunga durata del principio attivo (per immersione, spruzzo, iniezione e spennellatura).

Pare che l'anossia (sia introducendo azoto, sia introducendo anidride carbonica nell'ambiente), sia inefficace contro le larve, perciò, rimane quanto sempre detto: qualsiasi metodologia che non includa il successivo trattamento con sostanze insetticide impregnanti a lunga durata del principio attivo, non ha proprietà preservanti, non solo, se per qualche motivo alcuni esemplari dovessero sopravvivere (e capita, ti garantisco), solo la presenza di sostanze velenose che abbiano contaminato il legno potranno evitare una nuova infestazione.

In ogni caso, qualsiasi metodo si scelga, i manufatti devono poi essere riparati (chiusura dei buchi, delle crepe, delle fessurazioni, ecc.) e protetti con impregnanti, vernici e/o cere.

59) ***Dopo il trattamento antitarlo per anossia, sono propenso a soffiare aria nei fori lasciati dai tarli sui miei mobili, quindi inietterei petrolio o gasolio (rimedio antico), infine li sigillerei con impasto di segatura e colla. Cosa ne pensi?***

Più che soffiare, sarebbe meglio aspirare. Soffiando si spingono gli insetti (larve e uova, soprattutto) in profondità, aspirando, invece, si avvicinano alla superficie facilitando l'avvelenamento o addirittura si rimuovono, morti o vivi che siano.

Ecco i miei suggerimenti:

- niente petrolio o gasolio: non sono sostanze insetticide e quindi non hanno alcuna utilità in questo senso, nemmeno a titolo preservante, puzzano, sono infiammabili e possono danneggiare le vernici;

• niente segatura e colla, ORRORE! Stucco per legno di buona qualità o cera in bastoncini dello stesso colore del legno.

60) *Secondo lei, il trattamento con anidride solforosa (bruciando stecche di zolfo in camere stagne sigillate) riesce efficace per avvelenamento e/o asfissia dei tarli? Lo zolfo bruciando consuma l'ossigeno e produce una miscela di anidride solforica e solforosa molto nociva. La controindicazione è la corrosività. Cosa ne pensa?*

Anticamente questo era uno dei metodi utilizzati per combattere le infestazioni di tarli e per quanto l'anidride solforica unitamente all'assenza di ossigeno prolungata per alcune settimane sia sostanzialmente letale, temo che abbia poca efficacia contro i tarli che sono notoriamente molto resistenti.

Le larve vivono in profondità nel legno e non sempre le fumigazioni (ma anche i liquidi) raggiungono le gallerie e i nidi più nascosti. Il vantaggio delle sostanze liquide, possibilmente iniettate a pressione nei fori e nelle crepe, risiede nel fatto che il principio attivo impregna il legno contaminandolo - quando gli insetti sopravvissuti si spostano cercando nutrimento, lo ingeriscono e muoiono. Le sostanze gassose, non

impregnano e le polveri al massimo si depositano, perché possano avere efficacia a posteriori (cosa che non mi sento di garantire), devono essere altamente tossiche e poco volatili, ecco perché consiglio sempre, dopo aver effettuato un trattamento disinfestante con metodi alternativi (gas, assenza di ossigeno o microonde), di trattare comunque il legno con un ottimo antitarlo (per iniezione e spennellatura), a titolo preservante. Il colpo di grazia, in pratica. Se i tarli non moriranno con il gas, sopravvivranno all'assenza di ossigeno e non friggeranno con le microonde, non sfuggiranno ai bocconi avvelenati. Ecchecavolo!

E poi attenzione: la corrosività può causare danni ingenti! Ho letto di un tipo che si è ritrovato con il parquet bruciato.

61) *Vorrei preparare da solo una soluzione antitarlo perché non mi fido di quelle in commercio, ma anche se ho cercato ovunque, non sono riuscito a capire cosa dovrei metterci e dove trovare gli ingredienti. Puoi aiutarmi?*

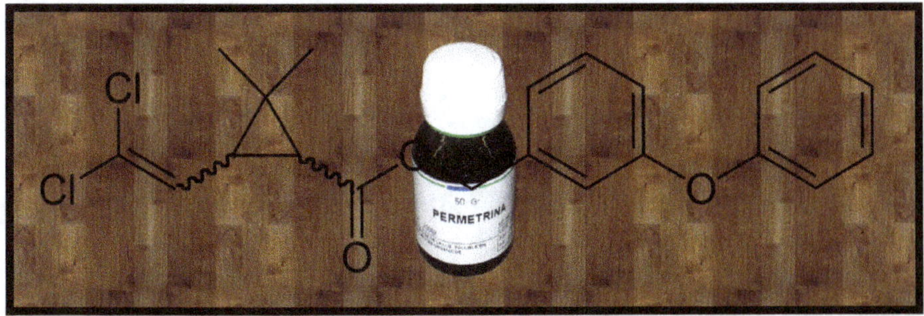

In realtà, i moderni antitarlo di comune reperibilità contengono essenzialmente due sostanze: il principio attivo (un insetticida e acaricida derivato dal pireto) disciolto in modesta percentuale (generalmente al di sotto del 40%) in un solvente che funziona da vettore (ad esempio, kerosene, petrolio, oli minerali, ecc.). Le attuali formulazioni sono Presidi Medico Chirurgici per usi civili e industriali sottoposti a rigidi controlli e legislazioni stringenti che vietano l'uso di sostanze altamente tossiche (gassose e liquide), pericolose per l'uomo, gli animali e l'ambiente.

Pare che i principi attivi comunemente utilizzati negli insetticidi, nella prevenzione e nella disinfestazione, siano:

- **Permetrina** o permethrina (insetticida e acaricida ad ampio spettro che agisce come neurotossina).
- **Tetrametrina** (altro insetticida piretroide).
- **Deltametrina** (insetticida e acaricida, nonché fungicida) la cui efficacia contro i tarli, però, a concentrazioni medio-basse, è modestissima.
- **Phoxim** (antiparassitario, pesticida ad ampio spettro).
- **Cipermetrina** (un piretroide sintetico usato come insetticida, fotostabile e residuale).
- **Cifenotrin** (?).

Ma solo il primo si trova indistintamente in ogni antitarlo (gli altri sono solo citati tra le sostanze utilizzabili).

Tra gli insetticidi di cui non è più consentito l'uso ma che ancora sono menzionati su qualche sito come principi attivi impiegati, troviamo:

- **Blindano** (un insetticida clororganico ad ampio spettro che agisce come neurotossina, vietato in Italia).
- **Malatione** (insetticida e acaricida organofosfato parasintomatico il cui uso è vietato in europa).
- **Endosolfuro** (?).
- **Promuro di metile**.
- **Fosfina** (fosfuro di idrogeno).

Promuro di metile e fosfina, sono banditi a causa dell'estrema nocività, per i danni che causano all'ambiente e ai materiali con cui entrano a contatto, pare però che siano ancora utilizzati beneficiando di deroghe particolari.

In quanto alla reperibilità, suppongo che, ad eccezione della Permetrina che può essere acquistata nei consorzi agrari e dovrebbe essere in libera vendita (uso il condizionale perché non ne sono sicuro), per il resto occorrono speciali autorizzazioni.

62) *Più volte ho letto, anche sul suo sito, che per fare un buon trattamento antitarlo occorre sigillare i mobili in sacchi di nylon creando una specie di "camera a gas". Ma è davvero così necessario?*

In effetti, no - e poi parlare di "camera a gas", è scorretto.

Un tempo, quando i prodotti utilizzati erano altamente tossici e rilasciano in forma gassosa, per evaporazione, il principio attivo, aveva un senso - oggi, lo si fa soltanto per rallentare l'asciugatura del prodotto favorendone in questo modo la penetrazione nel legno. Quindi, ai sacchi di nylon o cellophane (più comodi da usarsi con i piccoli oggetti), talvolta è preferibile una comune pellicola per alimenti o imballaggi (film estensibile) fatta aderire ai manufatti sverniciati. Le nuove generazioni di antitarlo non emettono esalazioni, la contaminazione del legno avviene per contatto (imbibizione), l'avvelenamento degli insetti per ingestione.

63) *Quanto dura il principio attivo di un buon antitarlo? L'effetto disinfestante è garantito?*

La durabilità media del principio attivo si attesta intorno ai due anni terminati i quali, se si vuole mantenere l'integrità del manufatto, preservarlo, occorre ripetere il trattamento. L'efficacia degli antitarlo impregnanti è probabilistica, sempre con esito incerto.

64) *Vorrei avere una dotazione di attrezzi ben fornita per poter provvedere da sola alla maggior parte dei lavoretti di casa. Cosa serve? Cosa è meglio acquistare?*

Non occorre che gli attrezzi base siano professionali, tuttavia è sempre meglio preferire la qualità al risparmio per non ritrovarsi a doverli buttare via nel giro di poco tempo. Cercare di spendere poco, quando si tratta di utensili per il "fai da te", non è mai una buona idea.

Quindi, preparati perché se vorrai avere una cassetta degli attrezzi in cui vi sia tutto l'occorrente e con oggetti affidabili e durevoli, spenderai un botto.

La marca da preferire tra quelle più comuni in commercio, è la Stanley: la giusta via di mezzo tra le professionali e le hobbistiche scadenti, si casca cioè sempre in piedi. I centri commerciali per l'hobbistica migliori, più forniti, hanno un'ampia scelta di utensili Stanley, ma nell'incertezza, non trovandoli, acquista piuttosto un utensile professionale.

Ecco l'elenco di quello che ti serve.

- 1 Martello da banco o "alla tedesca" gr. 300 circa con manico in fibra (evitare il legno perché la testa con il tempo si allenta).
- 1 Tenaglia da carpenteria con manico mm. 220 o 250, in acciaio e fosfatazione antiruggine, manici rivestiti in materiale antiscivolo.
- 1 Pinza per idraulico (anche detta "per tubi", "pappagallo" o "cane"), sempre in acciaio e fosfatazione antiruggine, manici rivestiti in materiale antiscivolo lunghi almeno mm. 250.
- 1 Tronchese a taglio laterale, manico in materiale antiscivolo (da acquistare solo professionale, altrimenti non taglia).
- 1 Pinza universale in acciaio fucinato e con i manici rivestiti di materiale isolante.
- 1 Giravite porta inserti a cricchetto con 20 inserti Stanley, se lo trovi con meno inserti, servirà un set di inserti completo a parte (solo punte di qualità, mi raccomando).
- 1 Cacciavite cercafase taglia grande.
- 1 Cacciavite levachiodi o staccabottoni.
- 1 Cutter autobloccante Stanley con lame a spezzare.
- 1 Forbice da elettricista.
- 3 Spatole per stucco: cm. 3 - 6 - 10
- 1 Tampone in gomma per carta vetrata.
- 1 Occhiale protettivo antiriflesso di buona qualità.
- 1 paio di guanti per sverniciatore.
- 1 paio di guanti protettivi antitaglio.
- 1 Spazzola d'acciaio.
- 1 Spazzolino con fili di ottone.

ATTREZZI SPECIFICI PER LEGNO

- 1 Segaccio Stanley Basic.
- 1 Seghetto ad arco manuale, telaio metallico, con lame a legno e ferro.
- 1 Set tre lime Stanley per ferro (lima triangolare taglio mezzodolce, tonda taglio bastardo, fresa).
- 1 Set tre raspe Stanley per legno (raspa piatta parallela taglio bastardo, mezzotonda taglio bastardo, tonda taglio bastardo).

N.B. Seghe e segacci, e comunque tutti gli utensili taglienti o abrasivi, devono essere riposti con le lame protette per non danneggiarle o ferirsi.

Dopo l'utilizzo, lime e raspe devono sempre essere ripulite dai frammenti di legno, metallo e ferro con una spazzola a fili di ottone, altrimenti arrugginiscono con facilità.

ATTREZZI PER MISURARE

- 1 Flessometro Stanley Panoramic, ottimo perché ha la lettura anche su una finestrella superiore che consente di effettuare misurazioni "da parte a parte" stando all'interno dell'oggetto.
- 1 Calibro per misurare spessori, larghezze interne e profondità.
- 1 Livella a bolla d'aria (diagonale, orizzonatale e verticale) lunga non meno di 80 cm. Stanley.

ATTREZZI PER FORARE

- 1 Assortimento di punte per trapano elicoidali a centro per legno di buona qualità.
- 1 Assortimento di punte per metallo di buona qualità (con quest'ultime si può forare tranquillamente anche il legno ma hanno lo svantaggio di non possedere alla loro estremità la punta conica che serve per guidarne l'avanzamento).

MINUTERIE

- 1 Scatola Organizer con assortimento di viti a legno (comprale separate e riempila tu).
- 1 Scatola Organizer con assortimento di chiodi con la testa (comprali separati e riempila tu).
- 1 Scatola Organizer con assortimento di chiodi senza la testa (comprali separati e riempila tu).
- 1 Scatola Organizer con assortimento di chiodi in acciaio (comprali separati e riempila tu, servono sempre perché sono robustissimi).
- 1 Scatola Organizer con assortimento di tasselli e viti equivalenti.
- 1 Scatola Organizer con assortimento di minuteria altra e varia (viti a L, a occhiello, a gancio, rondelle, guarnizioni, bulloni e dadi, alzaporta, ecc.).

ALTRO

- 1 Tubo di colla Pattex forte a rapido essiccamento per legno.
- 1 Rotolo di nastro isolante per cavi elettrici.
- 1 Spray lubrificante e sbloccante per viti, ingranaggi, ecc.

- 1 Rotolo di teflon (per rinforzare guarnizioni idrauliche e sigillare le filettature dei tubi.
- 1 Rotolo di nastro adesivo in carta abbastanza largo.

Infine, naturalmente, serve una cassetta portautensili robusta, capiente e versatile (deve contenere tutta questa roba).

UTENSILI ELETTRICI

Questi possono anche avere un costo notevole. Scegli utensili di qualità, almeno semi professionali.

- 1 Trapano a percussione, velocità variabile con azione reversibile, mandrino autoserrante (può essere comodamente usato anche come avvitatore).
- 1 Seghetto alternativo (acquisto facoltativo).
- 1 Levigatrice orbitale per carta vetrata a nastro (acquisto facoltativo).

Nell'elenco mancano strettoi, scalpelli, almeno una pialla, utensili per affilare. Qualora questi attrezzi un giorno ti servissero, li acquisterai al momento. Non esageriamo, vah.

P.S.: Questa risposta risale al lontano 2015. Nel frattempo sono cambiate molte cose ed oggi, tra gli utensili elettrici includerei anche un avvitatore che nella mia personale dotazione è diventato indispensabile. Per un uso hobbistico, gli attrezzi manuali ed elettrici in vendita presso la catena LIDL con marca Parkside, vanno più che bene ed hanno prezzi straordinariamente economici. Li consiglio.

65) ***Ho un fratino bello ma di produzione industriale, noce massello, pieno di graffi, ammaccature, macchie. Le invio alcune foto affinché possa aiutarmi a capire se posso rimediare con un po' di cera o se devo sverniciare. In tal caso può dirmi cosa devo fare e cosa mi serve?***

Con il tuo tavolo un po' di cera non basterà, mi spiace. Se vorrai dargli un bell'aspetto, dovrai sverniciarlo. Tenendo conto che sei un neofita, ecco quello che devi acquistare...

- Sverniciatore extra forte.
- Guanti per acidi e solventi + occhiali di protezione.
- Carta vetrata gr. 220.
- Antitarlo professionale (**SINOTAR**).
- Una siringa molto grande.
- Diluente alla nitro.
- Vernice sintetica ad effetto cerato trasparente (**Linitop Classic**, della Levis, è la migliore, ma vanno bene anche quelle della **Sayerlack**).
- Pennelli di buona qualità, morbidi, a setola lunga, larghezza media.
- Cera d'api in pasta colorata marrone.
- Lana d'acciaio fine.
- Lana d'acciaio grossa.
- Stucco per legno (MODOSTUC) noce scuro e noce chiaro.
- Mordente noce all'acqua in polvere (solo se vuoi scurire il legno, diversamente non serve).

- Turapori alla gommalacca
- Acquaragia.
- Una spatola da cm. 10 e una da cm. 5.
- Un pennellaccio largo per stendere lo sverniciatore.
- Pezze di lana e stracci di cotone.
- Barattoli vari.

Un buon negoziante dovrebbe avere tutti questi prodotti, in alternativa, puoi acquistarli sul Web (antichitabelsito.it - linitop.it - toolmarket.it).

Ed ora ecco come intervenire...

Se non disponi di una stanza laboratorio dove poter sporcare senza doverti preoccupare, proteggi la pavimentazione con il cartone e assicurati di non avere intorno superfici che potrebbero macchiarsi o addirittura rovinarsi con gli schizzi dei prodotti che utilizzerai.

Indossa i guanti e gli occhiali protettivi, soprattutto quando userai lo sverniciatore e l'antitarlo.

Procedura SVERNICIATURA

- Con un pennellaccio largo stendi lo sverniciatore in abbondanza su porzioni di legno non molto grandi (diciamo non oltre i cinquanta centimetri quadrati per volta).
- Lascia agire il prodotto per il tempo necessario. Quando la vernice sottostante è completamente o in buona parte raggrinzita, la rimuovi con un batuffolo di lana d'acciaio grossa grande quanto la tua mano o poco più (imparerai con la pratica a prepararti batuffoli della grandezza giusta). Puoi anche aiutarti utilizzando una spatola, ma fai attenzione a non scalfire il legno!
- Sfrega e raschia seguendo, per quanto possibile, le venature del legno. Quando la lana d'acciaio è sporca, cambiala.
- Strofina energicamente sino all'asportazione totale dello sverniciatore e quindi della vernice sottostante, se necessario ripeti.
- Saprai quando smettere perché il legno ti apparirà liscio, asciutto e con colorazione uniforme, senza tracce di prodotto verniciante o sverniciatore.
- Esegui la sverniciatura su tutto il tavolo (gambi e piano) con accuratezza.
- Negli angoli o comunque nei punti dove la rimozione della vernice non è agevole, puoi aiutarti con uno spazzolino da denti vecchio, a setola dura, strofinando. Eventuali residui di sverniciatore si possono ammorbidire con il diluente alla nitro e rimuovere (asciugare) con la lana d'acciaio grossa o uno straccio.
- Se utilizzando il diluente alla nitro il legno si macchia, per uniformare la colorazione dovrai spennellarlo sull'intera superficie e poi "asciugarlo" molto rapidamente con uno straccio.

Gli attrezzi di lavoro si puliscono con il diluente alla nitro. I pennelli, dopo averli sciacquati nel diluente avendo cura di rimuovere i prodotti chimici utilizzati, si lavano con acqua calda e sapone in pezzi sino a perfetta sgrassatura.

- Inietta con forza e in grande abbondanza l'antitarlo in ogni buchetto, in ogni crepa, ogni fessura e nei punti di giunzione. Ripeti più e più volte.
- Quindi imbibisci, anche in questo caso con grande abbondanza, TUTTE le superfici (a vista e non) spennellandole con l'antitarlo. Ripeti più e più volte, sino a saturazione (il legno smetterà di assorbire).
- Lascia asciugare perfettamente prima di procedere con le fasi successive.

Gli attrezzi di lavoro si puliscono con acqua calda e sgrassatore. I pennelli con acqua calda e sapone in pezzi sino a perfetta sgrassatura.

Procedura STUCCATURA

- Prepara su un pezzetto di legno una prova di stucco noce chiaro ed una noce scuro (basta un velo, purché coprente), aspetta che siano asciutte e poi confrontale con la colorazione del legno del tavolo, adopererai lo stucco che si avvicina di più.
- Tieni presente che la verniciatura finale scurirà leggermente sia il legno, sia gli stucchi (effetto bagnato).
- Tieni anche presente che è difficile ottenere con lo stucco la stessa tonalità del legno (anche mischiando tonalità diverse o aggiungendovi coloranti, cosa che non ti consiglio di fare perché serve una certa pratica), perciò è meglio che lo stucco sia più scuro rispetto alla colorazione originale del legno. Uno stucco scuro si nota meno di uno chiaro.
- Stucca ogni buchetto, ogni crepa, fessura, spingendolo con forza in modo che penetri in profondità, lasciando meno residuo possibile sulla superficie del legno (togli subito con la spatola l'eccesso).
- In genere la prima stuccatura riempie, la seconda rifinisce. Quando lo stucco sarà perfettamente asciutto, rifinisci stuccando nuovamente sino a portare lo stucco a livello del piano, questa volta puoi abbondare un poco, ma non troppo, mi raccomando.
- Quando anche la seconda stuccatura sarà perfettamente asciutta, rimuovi la parte in eccesso con la carta vetrata: movimenti circolari e leggeri, cercando di non graffiare il legno. Rifinisci utilizzando la lana d'acciaio fine sino a completa rimozione di ogni eccesso di stucco. Lo stucco deve riempire solo le cavità, non deve assolutamente esservene traccia altrove.
- Spolvera con accuratezza.

Procedura MORDENZATURA (solo se necessaria)

- Se deciderai di scurire la tonalità del legno, prepara il mordente diluendolo in acqua tiepida. Fallo scuro, in modo che tu possa correggerlo semplicemente aggiungendo acqua. Fai alcune prove su pezzetti di legno di tonalità simile al tavolo. Lascia asciugare il mordente prima di decidere il tono preferito (affretta i tempi servendoti di un Fon per capelli).
- A tonalità giusta ottenuta, impregna TUTTE le superfici (anche quelle non a vista) spennellandole con il mordente. Elimina l'eccesso e uniforma la colorazione aiutandoti con una spugna. Occhio alle colature! Rimuovile subito, poi lascia asciugare.
- Attenzione: da ora in poi il legno non deve entrare in contatto con nessuna soluzione acquosa, se ciò accadesse il mordente si "muoverebbe", macchierebbe, per rimediare dovresti mordenzare tutto daccapo.

Gli attrezzi di lavoro si puliscono con acqua calda e sgrassatore. I pennelli e la spugna con acqua calda e sapone in pezzi.

Preparazione alla VERNICIATURA

- Spennella in modo uniforme, senza creare accumuli e colature, il turapori alla gommalacca su TUTTE le superfici (anche quelle non a vista).
- Stendi il turapori alla gommalacca tal quale, senza diluirlo.
- Segui, per quanto possibile, le venature del legno.
- Tieni presente che asciuga rapidamente, dovrai essere veloce e preciso. Non lasciare il lavoro a metà.
- A perfetta asciugatura (dopo alcune ore, dipende dalla temperatura della stanza), spaglietta con la lana d'acciaio fine tutte le superfici.
- Questa operazione ha due scopi: 1) preparare adeguatamente la superficie per accogliere la seconda mano; 2) rimuovere il "pelo" del legno indurito dal turapori creando con ciò una superficie già abbastanza liscia.
- Se la lana d'acciaio fa attrito sulla superficie impastandosi con il prodotto, significa che il turapori non è ancora pronto per essere levigato. La polvere risultante dallo sfregamento deve essere finissima, soffice e bianca.
- Attenzione: se hai mordenzato il legno, assicurati di non insistere troppo sugli angoli in quanto potresti rimuovere anche il mordente. In certi casi lo si fa apposta per simulare l'invecchiamento, vedi tu se questa tecnica può esserti utile.
- Spolvera con molta accuratezza.
- Stendi una seconda mano di turapori alla gommalacca.

- Aspetta che asciughi perfettamente e spaglietta ancora avendo cura di eliminare completamente eventuali eccessi di prodotto, che non dovrebbero esserci se sarai stato attento.
- Saprai di aver fatto un buon lavoro se passando la mano la superficie risulterà perfettamente liscia. Se invece incontrerai zone ruvide, non preoccuparti, correggile spagliettandole ancora un po'.
- Spolvera molto, molto accuratamente. Eventualmente aiutati anche con un aspirapolvere e panni in microfibra umidi, poi, naturalmente, lascia asciugare.

Gli attrezzi di lavoro si puliscono con il diluente alla nitro. I pennelli, dopo averli sciacquati nel diluente avendo cura di rimuovere i prodotti chimici utilizzati, si lavano con acqua calda e sapone in pezzi sino a perfetta sgrassatura.

VERNICIATURA

- Stendi la vernice utilizzando un pennello morbido a setola lunga.
- Segui le venature del legno. Movimenti di polso, leggeri, come carezze. Deve essere piacevole spennellare, se farai fatica significa che non carichi abbastanza il pennello.
- Stendi la vernice in modo uniforme, omogeneo, senza creare accumuli.
- Rimuovi istantaneamente le colature e verifica che non se ne creino altre andando avanti con il lavoro, in tal caso rimuovile con il pennello.
- Tieni presente che la vernice (specie la Linitop Classic che non deve essere diluita) va fuori polvere abbastanza in fretta, anche in questo caso dovrai procedere con una certa speditezza.
- Lascia asciugare perfettamente (ben oltre quanto indicato sulla confezione del prodotto), quindi scartavetra finemente e uniformemente.
- Se la carta abrasiva fa attrito sulla superficie impastandosi con il prodotto, significa che la vernice non è ancora pronta. La polvere risultante dallo sfregamento deve essere finissima, soffice e bianca, senza grumi, pallini o altro.
- Spolvera molto, molto accuratamente. Eventualmente aiutati anche con un aspirapolvere e panni in microfibra umidi, poi, naturalmente, lascia asciugare.
- Stendi la seconda mano, agendo come sopra descritto.

Se deciderai che va bene così, non devi fare altro, se invece deciderai di rifinire a cera dando un tocco ancora più naturale:

- Lascia asciugare la vernice perfettamente (ben oltre quanto indicato sulla confezione del prodotto), quindi spaglietta con la lana d'acciaio fine, in modo delicato e uniforme.

- Se la lana d'acciaio fa attrito sulla superficie impastandosi con il prodotto, significa che la vernice non è ancora pronta. La polvere risultante dallo sfregamento deve essere finissima, soffice e bianca, senza grumi, pallini o altro.
- Stendi con un tampone di lana un velo leggerissimo di cera d'api marrone e lasciala asciugare perfettamente.
- Lucida con un panno di lana.

Gli attrezzi di lavoro si puliscono con il diluente alla nitro o con acquaragia. I pennelli, dopo averli sciacquati nel diluente avendo cura di rimuovere i prodotti chimici utilizzati, si lavano con acqua calda e sapone in pezzi sino a perfetta sgrassatura.

66) *Stiamo cercando info su eventuali possibili tarli nel bamboo.*

In realtà so solo che il **Dinoderus minutus** attacca il bamboo e notizie approfondite di questo ed altri insetti xilofagi, sul Web e in italiano, non si trovano. Sono sicuro che abbiate fatto una ricerca e vi siate trovati in difficoltà almeno quanto me. Per avere informazioni dettagliate e scientifiche occorre cimentarsi nella traduzione di testi elaborati in altre lingue, cosa che personalmente faccio solo in casi eccezionali.

67) *Combatto da circa tre anni con delle punture fastidiosissime e che mi danno reazioni allergiche paurose, che durano all'incirca una decina di giorni, soprattutto nel periodo primaverile/estivo. A casa ho molti mobili antichi tarlati. Con una approfondita ricerca su internet dopo che uno di questi insetti* *mi ha punta e ho potuto osservarlo, sono giunta alla conclusione l'insetto che mi perseguita sia lo "scleroderma domesticum", un parassita del tarlo del legno (le allego una foto). Cosa ne pensa? Mi sto liberando dei mobili (cosa che tra l'altro in futuro avrei comunque dovuto fare), ma è sufficiente eliminare tutti i mobili tarlati? Posso agire con qualche prodotto specifico autonomamente o è comunque necessaria una disinfestazione completa?*

Le confermo che i suoi problemi sono causati dall'insetto che ha individuato, ma non si può escludere che la sua casa ospiti altre specie antagoniste biologiche degli insetti xilofagi. Complessivamente queste specie sono tre: la **Sclerodermus brevicorne**, la **Pyemotes ventricosus** e quella da Lei perfettamente riconosciuta, la **Sclerodermus domesticus** (veda la domanda n. 50).

Dato che si sta liberando dei mobili e con essi degli insetti xilofagi che li hanno colonizzati, consiglio di prendere l'eventuale decisione di procedere a una disinfestazione a posteriori, dopo, cioè, un certo periodo dalla completa eliminazione degli stessi. Ovviamente, se continuerà ad avere problemi, significa che tali insetti antagonisti sono ancora presenti e occorrerà disinfestare in modo professionale.

In attesa di verificare l'efficacia dell'eliminazione dei mobili, le consiglio di lavare TUTTI i tessuti e TUTTI gli abiti a 60°C, contestualmente può effettuare una disinfestazione casalinga utilizzando l'insetticida **Fenthrin** (https://www.derattizzazione-disinfestazione.it/blog/prodotti/fenthrin/): è un prodotto abbattente concentrato in microemulsione acquosa, a basso impatto ambientale, facile da usare, economico e pare efficace.

"Con le mani, la mente
e il cuore"

Playlist di video tutorial

https://www.youtube.com/
playlist?
list=PLfdTnj67yeSW4MNv
AaQsL0lyJvoLjsM1w

BIBLIOGRAFIA ESSENZIALE

- Autori vari, "Il legno – Masselli, compensati, truciolari – Scelta e utilizzo", Collana "Fai da te" (Milano, 1985 – Editoriale Europea).

- Cook, William - & Sons – "Come restaurare i mobili" (Roma, 2010, RL Gruppo Editoriale).

- Di Nardo, Carlo – "Il grande libro del fai da te – Lavori di muratura, pittura, tappezzeria, elettricità, idraulica, falegnameria" (Milano, 1996, Giovanni De Vecchi Editore).

- Donzelli, Rinaldo – Munari, Bruno – Polato, Piero – "Guida ai lavori in legno" (Milano, 1978, Arnoldo Mondadori Editore).

- Ferrozzi, Valeria – Cremona, Marina – "Il mobile d'antiquariato – Antiche tecniche decorative, moderni metodi di restauro", quinta ristampa (Bologna, 1993, Zanichelli).

- Giordano, Guglielmo – "Il legno – Vademecum per falegnami, artigiani, forestali e collaudatori di legname" (Firenze, 1969, Istituto del legno).

- Gouttry, Bruno - "Fare in casa vernici naturali" (Firenze, 2013, Terra Nuova Edizioni).

- Guidi, Giuseppe – "Tecnologia del legno, degli attrezzi e delle macchine per lavorarlo" (Firenze, 1953, Casa Editrice Marzocco).

- Jackson, Albert – Day, David – "Grande manual degli utensili" (Bologna, 1992, Nuova Ulisse Edizioni).

- Liotta, Giovanni - "Gli insetti e i danni del legno – Problemi di restauro", quarta edizione (Firenze, 2003, Nardini Editore).

- Pascual i Mirò, Eva – "Il restauro del mobile", collana arti e attività manuali (Milano, 2011, Il Castello).

- Pierasca, Giuseppe – "Il legno e l'arte di costruire mobili e serramenti", quinta edizione (Trento, 1987, Hoepli Editore).

- Salazar, Tristan – "Guida completa al restauro del mobile" (Reggio Emilia, 1995, Magis Books).

- Tampone, Gennaro – "Il restauro del legno", due volumi (Firenze, 1989, Nardini Editore).

- Turco, Antonio – "Coloritura, verniciatura e laccatura del legno", terza edizione (Milano, 1988, Hoepli).

- Walker, Aidan – "Atlante del legno – Guida ai legnami del mondo"Milano, 2023, Hoepli).

L'autore nasce nel 1964, a Lucca.

Al momento della stesura di questa pubblicazione, è presente in rete ai seguenti indirizzi:

Sito web attuale, https://ethanricci.cloud
Pagina FB, https://www.facebook.com/ricciethan/
Canale YouTube, https://www.youtube.com/c/EthanRicci

TITOLI PUBBLICATI
O IN FASE DI PUBBLICAZIONE

Collana **TI RACCONTO UNA STORIA**

BORDERLINE – Testimonianze LGBTQIA+ (2003-2005).
FLORILEGIO – Il giuoco della campana, Ritratti, Cronaca di provincia e altre storie (racconti 1985-2006).
RÉSONANCES DA LA RUPTURE e **VOCI** – Racconti 2005-2013.
CONTINUUM - Racconti 2015-2024.
BLU - Racconti 2024-2026.

Collana **QUADERNI**

CONTROVENTO – Poèsie 1980-2023.
EFFEMERIDE – Pensieri e aforismi 1980-2023, volume I e volume II.
EFFEMERIDE - Vol. III - Pensieri 2024-2025.
IN CAMMINO - Cronaca di una affermazione di genere 2015-2023.
SOLILOQUIO – Canto d'amore 2017-2023.
DI CASE E DI STANZE - Un attimo, una vita (2024).

Collana **LA MACCHINA DEL TEMPO**

EDITORIALI - Politica, cultura, cronaca (2000-2019).
LUCCA NELLA MEMORIA – Storia, curiosità, cultura 1985-2023.
VISIONI - Cinema, Tv e dintorni (2001-2022).

Altro

MASTRə GEPPETTə DICIT - Nozioni per far da sé (2003-2021).
ARCHITETTURA E ARREDI URBANI: GLOSSARIO - Compendio alla consultazione del censimento e della catalogazione degli arredi urbani e degli elementi architettonici del centro storico di Lucca (2014-2025).

Collana **IMAGO VOLANT**

OMININIDI Vol. 1 - POT-POURRI, Fumetti dagli anni Ottanta al 2007.
OMININIDI Vol. 2 - Nello Sport e nell'arte, Fumetti 1988-2007.

**IMAGO VOLANT - GRAFICA A COLORI.
BN - GRAFICA IN BIANCO E NERO.**

Collana **CARPE DIEM**

Portfolio fotografia - **ACQUA e FUOCO.**

L'elenco completo e aggiornato delle pubblicazioni è consultabile sul sito dell'autore all'indirizzo:

https://ethanricci.cloud

PAGINA AMAZON CON I
TITOLI PUBBLICATI